5048

L'ESPRIT

DU

CHEVALIER FOLARD.

BIBLIOTHÈQUE NATIONALE
R.F.
IMPRIMÉS

L'ESPRIT DU CHEVALIER FOLARD

TIRÉ

DE SES COMMENTAIRES

SUR

L'HISTOIRE DE POLYBE,

POUR

L'USAGE D'UN OFFICIER.

De Main de Maître.

Avec les Plans & les Figures nécessaires pour l'intelligence de cet abrégé.

A LEIPSIG.

M. DCC. LXI.

BIBLIOTHÈQUE

AVANT-PROPOS.

L'OUVRAGE que nous donnons peut s'appeller l'Esprit de M. de Folard. Parmi les visions & les extravagances de cet illustre militaire, il se trouve des trésors. Il avoit enfoui des diamans au milieu du fumier, nous les en avons retirés ; &, au lieu de six gros volumes in quarto, nous donnons aux amateurs le quart d'un de ces volumes. On a fait main-basse sur le systême des colomnes : on n'a conservé que les manœuvres de guerre dont il donne une description juste ; la critique sage qu'il emploie sur la conduite de quelques généraux François ; certaines règles de tactique, des exemples de défenses singulières & ingénieuses, & quelques projets qui fournissent matière à des réflexions plus utiles encore que ces projets mêmes.

On ne doit pas réprouver le chevalier de Folard, de ce qu'il s'est fait un systême de guerre particulier ; on doit plutôt applaudir à ce que son ouvrage a pu fournir à un extrait aussi utile que l'est celui qu'on vient de faire. Dans le grand nombre de livres qui sont écrits, il y en a bien peu qui soient tout d'or ; il y en a peu même dont on pourroit tirer autant de bonnes choses que du commentaire de Polybe. Il seroit à souhaiter, pour les progrès des connoissances humaines, qu'au lieu d'écrire, sans faire des livres nouveaux, on s'appliquât plutôt à faire de bons extraits de ceux que nous avons déjà ; on pourroit espérer alors de ne pas perdre inutilement son temps par ses lectures. Nous nous flattons que les militaires nous sçauront gré de leur avoir épargné la lecture des six volumes, en leur en présentant la quinte-essence. L'art de la guerre, qui mérite certainement d'être étudié & approfondi autant qu'aucun des autres arts, manque encore de livres classiques. Nous en avons peu. César, dans ses commentaires, ne nous apprend que ce que nous voyons dans la guerre des Pandours; son expédition dans la Grande-Bretagne n'est autre chose: un général de nos jours ne pourroit se servir que de la disposition de sa cavalerie à la journée de Pharsale. Il n'y a rien à profiter de toutes les guerres qui se sont faites du temps du Bas-empire. On voit renaître l'art militaire pendant les troubles de Flandre; & Turenne, élève du prince Maurice d'Orange, y apprit cet art, négligé pendant tant de siècles. Ses deux dernières campagnes, écrites par lui-même, sont comptées parmi nos meilleurs livres classiques. Après celui-là, vient Feuquières, ce sévère censeur des généraux de son temps ; on peut y ajouter Santa-Cruz & l'histoire militaire du règne de Louis XIV, qui devient important pour l'étude des projets de campagne ; non pas qu'on les propose comme des modèles, mais à cause qu'on voit, par leur succès, en quoi on avoit manqué alors de prendre ses mesures, & que les fautes des autres nous font acquérir l'expérience à leurs dépens. A la suite de ces ouvrages, on pourra compter Folard rédigé au point où nous l'avons réduit. Ceux qui ont eu soin de faire imprimer cet abrégé ne se sont proposé que la plus grande gloire du service, en tâchant de faciliter aux officiers l'étude de leur art, & d'un métier qui mène à l'immortalité.

R.F.

TABLE DES MATIERES DE CET ESPRIT.

TABLE
DES PLANCHES.

BIBLIOTHÈQUE NATIONALE R.F. IMPRIMÉS

L'ESPRIT

L'ESPRIT

DU

CHEVALIER FOLARD,

TIRÉ DE SES COMMENTAIRES

SUR

L'HISTOIRE DE POLYBE,

POUR L'USAGE D'UN OFFICIER.

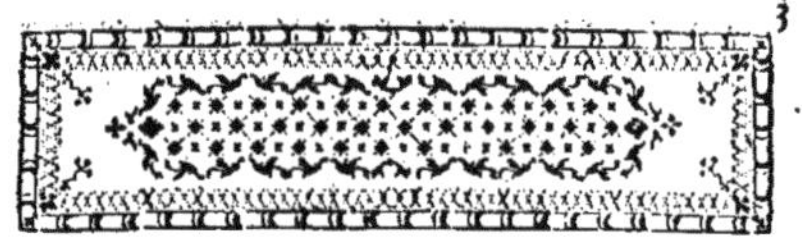

COUP-D'ŒIL MILITAIRE,

OU

L'ART DE CONNOÎTRE

LA NATURE ET LES DIFFÉRENTES SITUATIONS du pays où l'on veut porter la guerre ; LES AVANTAGES DES CAMPS ET DES POSTES que l'on veut occuper.

QUE le coup-d'œil produit le grand & le beau d'une guerre ; qu'il peut s'acquérir par l'étude & l'application.

ERREUR de ceux qui prétendent que c'est un présent de la nature.

C'EST le sentiment général que le coup-d'œil ne dépend pas de nous, que c'est un présent de la nature, que les campagnes ne le donnent point, & qu'en un mot il faut l'apporter en naissant ; sans quoi les yeux du monde les plus perçans ne voient goutte, & marchent dans les ténèbres les plus épaisses. On se trompe ; nous avons tous le coup-d'œil, selon la portion d'esprit & de bon-sens qu'il a plu à la providence de nous départir. Il naît de l'un & de l'autre ; mais l'acquis l'affine & le perfectionne ; & l'expérience nous l'assure. On voit, par les actions & la conduite d'Amilcar, qu'il l'avoit très-bon & très-fin, parce qu'il possédoit toutes les qualités qu'on demande pour le coup-d'œil, & dans le plus haut point de perfection où peut-être jamais général les ait poussées, comme on le peut remarquer dans la guerre d'Eryce, & plus encore dans celle des soldats rebelles d'Afrique.

Avant que d'entrer dans l'explication de la méthode dont on peut se servir pour acquérir ce talent, qu'on croit faussement être un don de la nature, il est nécessaire d'en donner la définition. Le coup-d'œil militaire n'est autre chose que l'art de connoître la nature & les différentes situations du pays où l'on fait & où l'on veut porter la guerre, les avantages & les désavantages des camps & des postes que l'on veut occuper, comme ceux qui peuvent être favorables ou désavantageux à l'ennemi. Par la position des nôtres & par les conséquences que nous en tirons, nous jugeons surement des desseins présens, & de ceux que nous pouvons avoir par la suite. C'est uniquement par cette connoissance de tout un pays où l'on porte la guerre, qu'un grand capitaine peut prévoir les événemens de toute une campagne, & s'en rendre, pour ainsi dire, le maître ; car jugeant, par ce qu'il fait, de ce que l'ennemi doit néceſſairement faire ; obligé qu'il eſt par la nature des lieux à ſe régler ſur ſes mouvemens pour s'oppoſer à ſes deſſeins, il le conduit ainſi, de camp en camp & de poſte en poſte, au but qu'il s'eſt propoſé pour vaincre. Voilà, en peu de termes, ce que c'eſt que le coup-d'œil militaire, ſans lequel il eſt impoſſible qu'un général puiſſe éviter de tomber dans une infinité de fautes d'une extrême conſéquence : en un mot, il n'y a rien à eſpérer pour la victoire, ſi l'on eſt dépourvu de ce que l'on appelle coup-d'œil à la guerre. Et comme la ſcience militaire eſt de la nature de toutes les autres, qui demandent l'uſage pour les bien poſſéder dans les différentes parties qui la compoſent, celle dont je traite ici eſt une de celles qui demandent la plus grande pratique.

Philopœmen, un des plus grands capitaines de la Grèce, qu'un illuſtre Romain appella le dernier des Grecs, avoit un coup-d'œil admirable : on ne doit pas le conſidérer en lui comme un préſent de la nature, mais comme le fruit de l'étude, de l'application, & de ſon extrême paſſion pour la guerre. Plutarque nous apprend la méthode dont il ſe ſervit, pour voir de tout autres yeux que ceux des autres, pour la conduite des armées. Le paſſage mérite d'être rapporté. » Il écoutoit volontiers les diſcours & liſoit les traités des phi» loſophes, dit l'auteur Grec ; non tous, mais

» feulement ceux qui pouvoient l'aider à faire des » progrès dans la vertu. De toutes les grandes » idées d'Homère, il ne cherchoit & ne retenoit » que celles qui peuvent aiguifer le courage & por- » ter aux grandes actions. Et, pour toutes les au- » tres lectures, il aimoit furtout à lire les traités » d'Evangélus qu'on appelle les tactiques, c'eft-à- » dire, l'art de ranger les troupes en bataille, & » les hiftoires de la vie d'Alexandre : car il pen- » foit qu'il falloit toujours rapporter les paroles aux » actions, & ne lire que pour apprendre à agir ; » à moins qu'on ne veuille lire feulement pour » paffer le temps, & pour fe former à un babil » infructueux & inutile. Quand il avoit lu les pré- » ceptes & les règles des tactiques, il ne faifoit » nul cas d'en voir les démonftrations par des plans » fur des planches, mais il en faifoit l'application » fur les lieux mêmes & en pleine campagne. Car, » dans les marches, il obfervoit exactement la po- » fition des lieux hauts & des lieux bas, toutes » les coupures & les irrégularités du terrein, & » toutes les différentes formes & figures que les » bataillons & efcadrons font obligés de fubir, à » caufe des ruiffeaux, des ravins, & des défilés » qui les forcent de fe refferrer ou de s'étendre ; » &, après avoir médité fur cela en lui-même, il » en communiquoit avec ceux qui l'accompa- » gnoient. En général, il paroît que Philopœmen » avoit une inclination trop forte pour les armes,

» qu'il embrassoit la guerre comme une profession
» qui donnoit plus d'étendue à la vertu ; & , en
» un mot, qu'il méprisoit ceux qui ne s'appliquoient
» pas à ce métier, comme gens oiseux & inutiles. «

C'est en abrégé les préceptes les plus excellens qu'on sçauroit donner à un prince, à un général d'armée, & à tout officier qui veut parvenir & monter aux grades les plus éminens de la milice. Cette méthode est unique, & rend, comme dit fort judicieusement le traducteur (a), la pratique des préceptes bien plus aisée dans les occasions, que de voir les plans sur des planches. Plutarque accuse & blâme au reste Philopœmen d'avoir porté la passion de la guerre au-delà des bornes raisonnables. M. Dacier ne manque pas de lui applaudir. L'un & l'autre jugent très-peu équitablement de ce grand capitaine, sans sçavoir trop bien ce qu'ils disent ; comme si la science de la guerre n'étoit pas immense ; qu'elle ne renfermât pas presque toutes les autres dans son tourbillon ; & que, pour en acquérir la connoissance, il ne fallût pas une application longue & pénible. Plutarque n'étoit pas guerrier : son traducteur encore moins. Ni l'un, ni l'autre n'a pris garde que Philopœmen étoit sçavant comme la plupart des grands capitaines, & qu'il s'attachoit à l'étude de la philosophie & de l'histoire, si nécessaire aux gens de guerre. Pour-

(a) On parle du traducteur de Plutarque.

quoi trouver mauvais qu'un homme s'applique & se livre entièrement à l'étude des sciences qui ont rapport à sa profession ? Celle des armes n'est pas seulement la plus noble, elle est encore la plus étendue & la plus profonde ; &, par conséquent, elle exige une plus grande application. Ce que fit ce grand capitaine, pour se former le coup-d'œil, est une chose très-nécessaire & très-importante pour le commandement des armées : de-là dépend le salut & la gloire d'un état.

On ne peut douter que la tactique, ou l'art de mettre les armées en bataille, de les camper & de les faire combattre, ne soit tout-à-fait royale. Quelle raison avoit Annibal de mettre Pyrrhus, roi des Epirotes, devant Scipion, & immédiatement après Alexandre, quoique celui-ci ne fût pas si habile ? Il n'en eut sans doute pas d'autre, sinon que le premier avoit excellé pardessus tous dans cette grande partie de la guerre, quoique Scipion ne lui cédât pas sur ce point, comme il le fit voir à Zama. Annibal y fut-il moins exercé que les deux autres ? Philopœmen voyoit que l'étude de la tactique & les principes d'Evangélus ne lui serviroient de rien, s'il n'y joignoit le coup-d'œil, si nécessaire au général d'armée. Sa méthode nous a toujours plu, & nous l'avons toujours pratiquée dans nos voyages comme dans nos armées.

Qu'il ne faut pas attendre l'occaſion de la guerre pour ſe former le coup-d'œil ; qu'on peut l'apprendre & l'acquérir par l'exercice de la chaſſe. Eloge de Machiavel.

Il y a pluſieurs choſes néceſſaires pour parvenir à cette connoiſſance : une très-grande application à ſon métier, c'eſt la baſe ; on prend enſuite une méthode. Quoique celle du capitaine Grec ſoit bonne, nous croyons avoir beaucoup enchéri, ou du moins trouvé ce que l'auteur Grec a négligé de nous apprendre plus particuliérement. L'on ne fait pas toujours la guerre : il ne faut pas s'imaginer non plus qu'on puiſſe s'y rendre habile par la ſeule expérience, ſur laquelle la capacité de la plus grande partie des gens de guerre eſt fondée aujourd'hui. Elle ne fait que perfectionner, & ne ſert preſque de rien, ſi l'on ne lui joint l'étude des principes ; car la guerre n'étant qu'une ſcience, elle s'apprend comme toutes les autres, où l'on ne ſçauroit ſe rendre habile, ſi l'on ne commence par l'étude de ces principes.

Deux ſiècles de guerre perpétuelle ſuffiroient à peine pour nous conduire par l'expérience des faits. Il faut la laiſſer en propre aux ames ordinaires, & fournir aux grands capitaines des moyens plus courts pour monter à la gloire, ſans la devoir à la capacité des autres qu'on ne rencontre pas toujours. Il eſt donc néceſſaire d'étudier la guerre avant que de penſer à la faire, & de s'appliquer toujours & ſans ceſſe lorſqu'on la fait.

J'ai dit plus haut qu'on ne fait pas toujours la guerre; j'ajoute encore que les armées ne ſont pas toujours aſſemblées & en mouvement. L'on eſt au moins ſix mois dans le repos d'un quartier d'hiver, & ſix mois ne ſuffiſent pas pour nous former le coup-d'œil pour la guerre. Il eſt vrai qu'on l'apprend beaucoup plus dans les marches, dans les fourrages & dans les différens camps & les divers poſtes où les armées campent; les idées ſont plus nettes alors pour juger & réfléchir ſur le pays que l'on voit, & les pratiques que l'on obſerve : mais cela n'empêche pas que, par le ſecours de l'eſprit & de l'imagination, on ne puiſſe en faire uſage ailleurs que dans les armées, & qu'on ne s'affine le jugement & la vue à la chaſſe, ou en voyageant. J'en puis parler par l'expérience que j'en ai faite.

Rien ne contribue davantage à nous former le coup-d'œil que l'exercice de la chaſſe. Car, outre qu'il nous met au fait du pays & de ſes différentes ſortes de ſituations, qui ſont infinies & jamais les mêmes, on apprend encore, dans ce bel exercice, mille ruſes & mille choſes qui ont rapport à la guerre : mais la principale eſt la connoiſſance des lieux, qui nous forme le coup-d'œil, ſans que nous y prenions garde; &, ſi l'on s'exerce à cette intention, pour peu de réflexion qu'on y ajoute, on pourra acquérir la plus grande & la plus importante des qualités d'un général d'armée. Le grand Cyrus eut moins son plaisir en vue, en se livrant tout entier à la chasse dans sa jeunesse, que le dessein de se rendre propre pour la guerre & pour la conduite des armées. Xénophon, qui a décrit sa vie, ne nous laisse aucun doute là-dessus. Il dit que ce grand homme, allant faire la guerre au roi d'Arménie, raisonnoit sur cette expédition, comme s'il se fût agi d'une partie de chasse entreprise dans un pays de montagnes. Il s'expliquoit ainsi à Chrysante, un de ses officiers généraux, qu'il envoyoit dans les endroits les plus âpres, & dans les vallées les plus difficiles, pour en gagner les entrées & les issues, & couper la retraite à ses ennemis : » Imagine toi que c'est une chasse que » nous allons faire, & que tu as la charge de de» meurer aux toiles, tandis que je battrai la cam» pagne. Surtout, souviens-toi qu'il ne faut point » commencer la chasse que les passages ne soient » occupés ; & que ceux qui sont en embuscade » ne doivent pas être vus, pour ne pas effarou» cher le gibier.... Garde-toi de t'engager dans » le fort du bois, dont tu auras peine à te reti» rer ; & commande à tes guides, qu'à moins » d'abréger extrêmement le chemin, ils te con» duisent toujours par les routes les plus faciles ; » car, en fait d'armée, le plus beau chemin est » toujours le plus court. «

Que Xénophon ait romanisé cette histoire de Cyrus pour nous donner un abrégé de science militaire traité historiquement, peu nous importe, si tout ce qui a rapport à cette science est vrai & solide. Il veut nous faire connoître que la chasse nous mène à bien des connoissances ; que c'est un exercice honnête, & très-nécessaire à ceux qui sont nés pour commander comme pour obéir, parce qu'elle nous rend plus propres à soutenir les fatigues de la guerre, fortifie le tempérament, & forme le coup-d'œil : car une connoissance exacte d'une certaine étendue de pays nous facilite celle des autres, pour peu qu'on les voie. Il ne se peut qu'ils n'aient quelque conformité entr'eux, quoiqu'ils soient tous différens ; & la parfaite connoissance de l'un nous conduit à celle de l'autre, dit Machiavel dans ses discours politiques. Au contraire, ceux qui ne sont point formés à cette habitude ont beaucoup de peine à y parvenir : au lieu que les autres, d'un coup-d'œil, apperçoivent l'étendue d'une plaine, l'élévation d'une montagne, la grandeur & l'aboutissement d'une vallée, & toutes les circonstances des différentes natures du terrein, auxquelles ils se sont formés autrefois par beaucoup d'expérience & d'étude. Je ne pense pas qu'aucun auteur ait traité cette matière que celui que je viens de citer ; le reste est excellent : je vais le copier.

Rien n'est plus vrai, continue-t-il, que ce que

j'avance ici : s'il en faut croire Tite Live, & l'exemple qu'il nous met devant les yeux de la personne de Publius Décius, qui, étant tribun dans l'armée commandée par le consul Cornélius contre les Samnites, il arriva que ce général se laissa pousser dans un vallon où l'ennemi auroit pu le renfermer : dans cette extrémité Décius dit au consul : Voyez-vous cette éminence qui commande les ennemis ? c'est un poste qui doit servir à nous tirer d'affaire, si nous ne perdons pas un seul moment pour nous en rendre maîtres, puisque les Samnites ont eu l'aveuglement de l'abandonner. Et, avant que Décius eût parlé de cette sorte au consul, Tite Live dit que Décius avoit apperçu, au travers des bois, une colline qui commandoit le camp de l'ennemi ; qu'elle étoit assez escarpée & de difficile accès pour des troupes pesamment armées ; mais qu'elle étoit aisée pour des soldats armés à la légère que le consul commanda au tribun de s'en rendre maître, avec trois mille hommes qu'il lui donna ; ce qu'ayant heureusement exécuté, toute l'armée se sauva pour se mettre aussi en lieu de sureté, avec les troupes qu'il commandoit ; ordonna à quelques gens de le suivre, pendant qu'il y avoit encore un reste de lumière, afin de découvrir les endroits gardés par l'ennemi, & ceux par où l'on pouvoit faire retraite ; & il alla à la découverte habillé comme un simple soldat, afin que les Samnites ne s'apperçussent pas que c'étoit un des officiers généraux qui battoit l'estrade.

Si l'on fait réflexion sur tout ce que dit Tite Live ici, continue Machiavel, l'on verra combien il est nécessaire à un bon capitaine de sçavoir juger de la nature d'un pays : car si Décius n'eût pas eu cette connoissance, il n'auroit pu sçavoir combien il étoit avantageux aux Romains de s'emparer de cette hauteur ; & il n'auroit pu voir de loin si elle étoit de facile ou de difficile accès : quand ensuite il en fut le maître, & qu'il étoit question d'aller rejoindre le consul, il n'auroit pu non plus découvrir de loin les postes que l'ennemi gardoit, & ceux par où il pouvoit faire retraite. Il falloit donc absolument que Décius fût fort intelligent dans ces sortes de choses ; car, avec cette connoissance, il sauva l'armée Romaine en s'emparant de cette hauteur, & ensuite il trouva le moyen de se délivrer des ennemis qui l'environnoient dans ce poste.

Il y a très-peu de gens de guerre capables de tirer d'un fait historique les observations qu'on vient de lire de Machiavel : c'est tout ce que pourroit faire l'homme le plus consommé dans le métier des armes. Je n'en suis nullement surpris. Une étude profonde & réfléchie de l'histoire nous mène nécessairement à une infinité de connoissances, qui nous mettent en état de juger sainement & solidement de tout. L'étude de la politique, dont l'histoire est le fondement, est un puissant moyen pour nous perfectionner l'esprit & le jugement. Les discours politiques & militaires de cet auteur sur les décades de Tite Live, sont un ouvrage immortel; je le trouve digne de la curiosité des gens de guerre, & d'en être bien lu & bien médité. Sa vie de Castrucio, un des plus grands capitaines de son siècle quoique peu connu, n'est pas moins admirable : elle est toute ornée de faits curieux, très-instructifs & pleins de réflexions & d'observations militaires que peu de gens sçavent faire ; tant cet homme avoit le génie tourné au métier. Hors un livre de guerre de sa façon, qui ne lui fait pas beaucoup d'honneur, quoiqu'il ait pillé Végèce, qu'il à très-mal travesti, il est admirable en tout. Il s'étoit trouvé daus un temps où l'Italie étoit agitée de tant de troubles & de guerres intestines & étrangères, qu'il ne faut pas être surpris qu'un homme d'esprit & de jugement, sçavant d'ailleurs, ait été capable d'un si bel ouvrage ; car, comme il se trouvoit sur les lieux, il étoit en état d'avoir d'excellens mémoires, & de consulter les officiers qui s'étoient trouvés dans ces guerres.

Le coup-d'œil réduit en principes & en méthode.

Un général qui est à la tête d'une armée doit penser, méditer sans cesse & perpétuellement, soit dans son camp, soit dans sa marche, voir tout par ses yeux, s'il est possible, & jamais par ceux d'autrui : il n'y en a pas, dit-on, de meilleurs que ceux du maître. En effet, il est presque impossible à un général d'armée de bien régler l'état de la guerre, & de juger des desseins de son ennemi, non plus que des siens propres, s'il n'est parfaitement instruit du pays où il fait la guerre : tout chef d'armée qui néglige une chose si importante, ne mérite point le nom de général. Les soldats & les officiers de son armée sont dispensés de ce soin ; mais ceux de ces derniers qui veulent avancer dans la science des armes, & qui veulent pousser au loin leur fortune, ne le sont pas. Ceci ne regarde pas moins les grands seigneurs, dont le nom fait souvent tout le mérite ; & leur donne le droit de nous commander, que ceux qui l'acquièrent uniquement par leur application & leur courage : ceux-ci, comme les autres, qui veulent ajouter à leurs titres les vertus & les qualités qui peuvent les rendre capables de la conduite des armées, doivent nécessairement s'attacher à se former le coup-d'œil pour la guerre : c'est là le premier principe du général ; il n'est pas moins celui de l'officier particulier. C'est le seul peut-être de la science des armes qui demande la plus grande pratique, & le seul encore qui nous mène au grand de la guerre très-facilement ; il nous conduit à tout.

Pour avancer & se former dans cette connoissance, il faut que notre imagination travaille constamment, à la guerre, à la chasse, dans nos voyages,

ges, ou dans nos promenades à pied & à cheval. Dès qu'on est arrivé dans un camp, on doit examiner, en repos & dans sa tente, la carte du pays où l'on est, & le poste que l'on occupe, avec beaucoup d'attention ; considérer aussi où l'ennemi est campé ; si l'une ou l'autre des deux armées couvre ses places ; si la ligne de communication est bien observée, pour la suivre & couler sur la même parallèle, selon les mouvemens que chacun peut faire, & si l'un peut se saisir d'un poste important plutôt que l'autre ; si les deux armées sont assurées à leurs aîles, & à quoi ; si l'une peut entreprendre sur l'autre, le chemin qu'elle a à faire, les obstacles qu'elle peut rencontrer dans sa marche, le temps qu'il lui faut pour venir à nous, ou à nous pour aller à elle ; d'où chacune tire ses vivres ; si nous pouvons intercepter ses convois, ou si elle peut nous couper les nôtres ; si nous faisons tels ou tels mouvemens sur notre droite, ou sur notre gauche, où est-ce que cela nous ménera ? où est-ce que nous irons nous-mêmes, si l'ennemi s'en avise plutôt que nous, ou s'il remue son camp d'une tout autre façon ? Rien de plus instructif que cela, & rien qui forme davantage l'esprit & le jugement. C'est ainsi qu'on médite d'abord sur la carte, mais véritablement sur une idée fort confuse ; car la carte n'est autre chose que l'idée d'un pays : il s'en faut bien qu'on puisse raisonner dessus avec quelque certitude.

On forme un projet de campagne dans le cabinet, ſoit d'offenſive, ſoit de déſenſive; on conſulte la carte, c'eſt preſque toujours l'oracle où l'on a recours. Il ſeroit trop dangereux de s'informer des gens qui ont une grande connoiſſance des lieux; cela leur ſeroit bientôt connoître les deſſeins que l'on a en tête. On ne va donc qu'au gros des choſes, le général ſe réſervant d'agir enſuite ſelon la nature du pays où l'on s'eſt déterminé de porter la guerre. Cela me ſemble peu sûr & fort abrégé pour un projet de campagne, qui n'eſt pas de petite importance. On ne ſe conduit pas ainſi dans les conſeils, lorſqu'on trouve des généraux comme M. de Turenne, M. le Prince, le maréchal de Luxembourg, qui raiſonnoient & établiſſoient l'état de la guerre ſur la connoiſſance qu'ils avoient du pays. Un projet qui ſort de telles mains ſort tout parfait, comme je crois qu'il le ſeroit encore pour la Flandre, ſi M. de Puyſégur l'avoit enfanté.

Un officier particulier, qui n'eſt pas initié dans les myſtères, & qui ne médite que pour s'inſtruire aux grandes parties de la guerre, & ſe former le coup-d'œil, n'a pas ſeulement l'avantage de raiſonner ſur la carte, comme on fait à la cour; mais il en a un beaucoup plus grand, qui eſt d'être ſur les lieux, & de voir même plus librement, & de pouſſer plus loin ſa curioſité que ne peut faire ſon général; car rien ne l'empêche de courir le parti ſur l'ennemi; ce que l'autre ne ſçauroit faire. Il peut aller où il lui plaît pour reconnoître le pays, & raisonner à la vue des objets ; après l'avoir fait sur la carte du pays ; car c'est la premiere chose que l'on doit faire. Par-là on ne laisse pas que de s'en former une idée qui nous aide beaucoup, lorsqu'après cet examen l'on se transporte sur les lieux où l'armée est bien établie.

On doit d'abord commencer par bien reconnoître la position du camp, & tout le terrein que l'armée occupe, ses avantages & ses défauts. On passe de-là au champ de bataille, on le parcourt en gros ; ensuite on l'examine en détail & par parties. On observe d'abord si les aîles sont appuyées. Si c'est un ruisseau, on en examine les bords & le fond ; s'il est bon ou mauvais, s'il est guéable par-tout, ou en certains endroits seulement. S'il l'est, on doit juger alors que c'est un mauvais appui ; que l'ennemi peut profiter de cet avantage, & gagner le flanc ou les derrières de cette aîle par un détour. On observe alors le terrein qui est en delà, s'il est couvert, ou s'il est ras & pelé, s'il y a des hauteurs qui commandent au camp, & s'il est nécessaire de s'y établir pour se couvrir de ce côté, ou si on peut s'en prévaloir contre l'ennemi. Si c'est un marais qui couvre cette aîle, on doit examiner si le fond est de bonne tenue, on doit le sonder, & s'informer des gens du pays si l'on peut faire regonfler les eaux, pour le rendre moins praticable. On écrit tout ce qu'on remarque, pour y méditer à loisir, & en tirer les conséquences par l'inspection du terrein.

On passera de-là à la gauche : si elle se trouve fermée par un village, il en fera le tour pour le réconnoître avec toute l'exactitude militaire ; il examinera les maisons qui le bordent, si elles sont bonnes, ou de bois & de chaume ; s'il y en a qui en soient éloignées & dont l'ennemi puisse se servir ; s'il est important de fortifier le village, ou de faire des coupures dans les rues, en soutenant les maisons ; si l'église est bonne ; si le village n'est point commandé par quelque hauteur, s'il peut être tourné : il l'attaquera par imagination, il le défendra de même : rien ne me paroît plus capable de former le coup-d'œil & le jugement que cette méthode. Après avoir murement examiné & écrit ce qu'on aura remarqué & observé du côté des aîles, on doit parcourir tout le front du champ de bataille d'une aîle à l'autre.

Si l'armée est campée selon la coutume ordinaire, la cavalerie sur les aîles & l'infanterie au centre, on doit examiner le terrein que la première a devant elle, & s'il est propre à cette arme. S'il est couvert & qu'il forme une plaine assez spacieuse pour contenir cette aîle de cavalerie, celui qui l'examine ne doit pas se régler là-dessus : il doit observer le terrein qui est en de-là & que l'ennemi doit occuper ; car le poste de l'un doit servir de règle à l'autre, pour la disposition des armes. En effet, ſi l'ennemi qu'on veut combattre, ou qui cherche à nous attaquer, a derrière ou devant lui un terrein tout différent, & favorable à l'infanterie, il eſt aiſé de comprendre, par le raiſonnement & les règles de la guerre, que ſi l'ennemi eſt pouſſé juſqu'à l'endroit couvert qu'il aura derrière lui, que la cavalerie devient alors inutile, qu'elle ne pourra pouſſer plus loin ſon avantage, & qu'elle ſera repouſſée par l'infanterie que l'ennemi, plus habile & plus ſenſé, aura logée dans ſes lieux couverts pour ſoutenir ſa cavalerie.

Cette obſervation doit lui faire connoître la néceſſité de faire ſoutenir cette aîle par une autre d'infanterie à la ſeconde ligne (2) ; car, ſi la cavalerie de la première ligne (3) eſt pouſſée par (4) juſqu'à l'infanterie ennemie (5) logée dans ces endroits couverts, il ne faut pas douter qu'elle ne ſe rallie ſous le feu de cette infanterie, qu'elle ne revienne enſuite à la charge, & que l'infanterie ne s'introduiſe dans les eſcadrons : on peut juger ce qu'il peut arriver, ſi l'on n'a pas de l'infanterie à lui oppoſer ; au lieu qu'en faiſant ſoutenir une aîle de cavalerie par une aîle d'infanterie à la ſeconde, & des pelotons (6) entrelaſſés & emboités dans les eſcadrons, on ſe trouve en état, après avoir battu (4), de le culbuter ſur ſon infanterie (5), & de l'attaquer à l'inſtant par l'infanterie (2), qu'on ſera paſſer promptement entre les diſtances des eſcadrons. Ces raiſonnemens naiſſent aiſément par l'inspection du terrein. On juge alors qu'une aile de cavalerie soutenue par elle seule ne vaut rien, & que le général auroit dû faire camper de l'infanterie où il a mis de la cavalerie : on remarque cette faute pour en faire usage, & en avertir le général, s'il est capable de recevoir un avis de cette importance. Qu'on ne nous dise pas que l'on tombe rarement dans ces sortes de fautes ; nous répondrions qu'on les remarque tous les jours dans les campemens ; & qu'on est obligé, lorsqu'on se trouve attaqué, de faire une infinité de manœuvres toujours dangereuses en présence de l'ennemi, en changeant une arme & la remplaçant par une autre. Je pourrois citer une infinité d'exemple, même de nos jours, si cette matière n'étoit un peu trop abondante pour l'alonger par des faits d'une beaucoup moindre importance que des raisonnemens démonstratifs.

Tout le terrein du front de cette aîle étant bien observé, on pousse vers l'infanterie que nous supposons au centre ; on jette les yeux sur ce terrein ; on s'apperçoit qu'il est varié, & mêlé, en certains endroits, de chicanes & d'obstacles très-propres pour l'infanterie, & quelques autres où la cavalerie peut être d'un grand effet, soutenue par l'autre. Après avoir examiné le terrein de la droite de l'infanterie (7), si l'on trouve que le terrein est également avantageux d'un côté comme de l'autre, ou du moins propre à cette sorte d'arme, on avancera plus avant sur le champ dn bataille, ou sur le terrein que les deux armées doivent occuper des deux côtés. L'on suppose qu'il est différent de l'autre que l'on vient d'observer : c'est une petite élévation de terre (8), qui va se perdre en pente douce jusqu'à l'ennemi (9). On doit l'observer avec soin. Si le terrein qui lui est opposé forme une plaine, on juge alors que c'est un endroit propre pour y dresser une batterie (10), que l'ennemi n'aura garde de laisser en repos, de peur d'en être longtemps incommodé ; & que, pour s'en délivrer par un bon effort de ce coté-là, l'attaquer & s'en rendre le maître pour séparer les deux aîles des deux autres, il ne pourra faire le coup que par de l'infanterie (9) soutenue d'autant d'escadrons (11) que la petite plaine en peut contenir. Il jugera alors qu'il faut poster de l'infanterie sur cette petite éminence, soutenue de la cavalerie (12) pour opposer des armes semblables.

S'il se présente ensuite des terreins variés & mêlés de petites plaines, de champs clos, de maisons, tant d'un côté que de l'autre, sur tout le front de l'infanterie, il les observera avec attention. S'il y en a qui lui paroissent difficiles à forcer du côté de l'ennemi, il jugera bien que l'ennemi s'y postera, qu'il n'abandonnera pas un tel avantage, & qu'il y auroit trop de témérité à les attaquer. Il doit donc, par imagination, fortifier ces endroits moins que les autres, c'est-à-dire, qu'il doit les tenir un peu moins garnis d'infanterie que ceux qui lui paroissent plus foibles, où il doit approcher ses réserves (13), & observer les emplacemens les plus commodes & les plus avantageux; pour y établir des batteries. Si, en avançant plus avant jusqu'à la gauche (14) & au ruisseau (15) qui la couvre, il voit que le pays est ras & ouvert, & propre pour les manœuvres de cavalerie, il trouvera que la cavalerie est bien placée selon la méthode ordinaire; observant pourtant si les bords du ruisseau sont bordés de haies & d'arbres touffus. Si les bords de l'autre côté ne sont pas garnis comme ceux d'en deçà, il jugera alors que l'ennemi pourroit y loger de l'infanterie, & y établir un feu sur le flanc de cette aîle, & prendre même des revers; il pensera alors d'enlever cet avantage à l'ennemi, non seulement en proposant de raser & de couper ces haies, ces taillis ou ces arbres, mais de poster de l'infanterie ou des dragons (16) sur les flancs des deux aîles de la cavalerie.

Par ces observations, il comprendra bientôt qu'on s'est campé, en bien des endroits, tout au contraire de ce qu'on doit pratiquer selon les règles de la guerre; qu'une partie de la cavalerie, qui se trouve postée à une aîle, auroit dû être placée au centre, ou vers le centre, & l'infanterie occuper son terrein. C'est la nature des lieux qui doit régler le campement & l'emplacement de chaque arme. On ne peut pas camper partout, & dans toutes sortes de situations, selon l'ordre ordinaire de bataille ; car, lorsqu'on se trouve l'ennemi sur les bras, l'on se voit obligé de changer tout l'ordre, & un tel remuement d'armes est très-dangereux. On fait tout à la hâte ; les corps transportés d'un terrein à un autre sont désorientés ; ils ne se reconnoissent plus, au lieu qu'ils connoissent leurs premiers postes d'où l'on vient de les retirer.

Un champ de bataille, quelque bon & quelque avantageux qu'il puisse être, perd tout le mérite de sa situation, si chaque arme n'est en sa place, c'est-à-dire postée au terrein qui lui convient. Les généraux qui lèvent un peu la tête au-dessus de ceux du commun, se contentent de suivre ces règles & croient avoir avancé beaucoup : en effet, c'est beaucoup : mais ceux qui excellent dans le coup-d'œil, qui l'ont fin & prompt, vont fort au-delà ; ils s'apperçoivent bientôt, par les observations qu'ils font sur la nature des lieux, qu'il faut qu'une arme soit soutenue par l'autre. Mais, comme cela doit être partout & dans toutes sortes de terreins, nous nous réservons de le démontrer dans le cours de cet ouvrage. Revenons à notre sujet.

Ce seroit peu, & ne faire les choses qu'à demi, que de s'en tenir à ce que je viens de dire. On doit se retirer dans sa tente, méditer très-profondément ſur ce qu'on aura remarqué, l'accompagner de réflexions, former un projet & un ordre de bataille ſelon la nature du terrein. C'eſt la première journée. On ne s'inſtruit pas moins à la ſeconde. On monte à cheval pour reconnoître le pays juſqu'aux grandes-gardes ; on s'informe des noms des villages, des hameaux & des maiſons ; on remarque les chemins, les ruiſſeaux, les bois, les marais, les hauteurs ; enfin, on ne laiſſe rien échapper, & l'on médite ſur tout ce qui peut être favorable ou déſavantageux à l'ennemi, s'il marchoit à nous, ou ſi l'on avoit quelque deſſein d'aller à lui, ou ſi l'on n'auroit pas mieux fait de ſe poſter ailleurs que dans l'endroit que l'on a choiſi ; ce qui n'eſt pas difficile à remarquer : car il y a quelquefois certains camps, où l'on va plutôt par coutume que par raiſon, parce qu'un grand capitaine les aura occupés, ſans ſçavoir que ce qui étoit bon de ſon temps ne vaudra rien dans un autre.

La Flandre eſt aujourd'hui toute changée ; le pays eſt ſi couvert qu'il ne diffère en rien de la Lombardie & du Mantouan : & je ſuis perſuadé qu'à la première guerre la cavalerie ſera d'un beaucoup moindre uſage que l'infanterie : cela n'empêchera pas d'en lever beaucoup, & d'en inonder le pays ſans aucune néceſſité. On ne trouve pas toujours des Turenne qui ſe contentent de peu.

Les fourrages forment beaucoup le coup-d'œil, & l'affinent extrémement : on ne doit pas en manquer un ſeul. Comme on va plus avant du côté de l'ennemi, lorſqu'on fourrage devant ſoi, on voit tout le pays qui eſt entre nous & lui. Si l'armée décampe, & ſe met en marche, on doit alors examiner l'ordre des colonnes, le pays qu'elles traverſent, & l'eſpace à peu près qu'il y a de l'un à l'autre. On ſe demande alors, Si l'ennemi, par une marche ſecrette & accélérée, venoit tout d'un coup tomber ſur la tête de notre marche, quel parti prendroit notre général ? ou quelle réſolution prendrois-je moi-même, ſi j'étois à ſa place? Voilà une colomne de cavalerie engagée dans un pays brouillé & parſemé de défilés, où elle ne ſçauroit agir : ſi l'ennemi lui oppoſoit de l'infanterie, que ferois-je ? comment m'y prendrois-je pour la retirer d'un tel coupe-gorge & d'un pas ſi dangereux, pour la tranſporter d'un lieu en un autre où elle pût être de quelque uſage ?

De l'autre côté, je m'apperçois qu'une colomne d'infanterie marche tranquillement à travers la plaine, où elle aura peut-être en tête une partie de la cavalerie ennemie. Ce n'eſt peut-être pas la faute du général que les choſes arrivent de la ſorte, parce que le pays change à tout moment. Peut-être feroit-on mieux, dans les marches, de partager les deux armes dans les colomnes, c'eſt-à-dire qu'on devroit mêler l'infanterie avec la cavalerie ; en ſorte que l'une ne marchât jamais ſans l'appui de l'autre, pour être préparé à tout événement : cela me semble dans les règles. Sans cette précaution, tout est perdu. Si l'ennemi profite d'une marche pour engager une affaire, on est d'autant plus surpris que ces sortes d'entreprises sont très-rares & toujours sûres. Il faut se ranger, se mettre en bataille dans ces cas inopinés. La situation des lieux est maîtresse de l'ordre pour placer chaque arme au terrein qui lui convient. Comment s'y prendre, puisque la cavalerie se trouve embarquée dans un terrein qui n'est propre qu'à l'infanterie? comment faire ? C'est ce que nous ne dirons pas ici, mais dans le cours de cet ouvrage, où l'on verra par quels moyens & par quelle méthode un général d'armée pourra se tirer d'intrigue en pareille occasion. Voilà un grand sujet de se former le coup-d'œil : mais, comme je veux couler cette matière à fond, nous ne prétendons pas en demeurer là ; car on n'est pas toujours à la guerre, & on ne la fait pas toujours : s'il falloit l'attendre pour se former dans l'art de voir en guerrier, à peine trois ou quatre campagnes suffiroient-elles.

J'ai dit que la chasse étoit un bon moyen pour se former le coup-d'œil ; mais tout le monde n'est pas agité de cette passion, quelque noble & honnête qu'elle soit. Les voyages peuvent nous être à peu près de la même utilité. Je n'en ai pas fait un que je n'aie mis à profit, soit par coutume, soit par inclination au métier. On soupçonnera peut-être que c'étoit aussi pour trouver la fortune.

Mais non, jamais je ne l'ai cherchée. Quelquefois elle s'est présenté sur ma route; mais, comme elle n'étoit pas d'humeur à marcher de compagnie avec l'honneur, la franchise, la probité, & quelques autres vertus militaires que je mène assez volontiers avec moi, je l'ai envoyée porter ses faveurs à d'autres, qui moins difficiles s'en sont accommodés aux conditions qu'elle a voulu; & j'ai continué mon chemin, ne pensant qu'au coup-d'œil dont est question.

Lors donc que l'on est en voyage, on examine en marchant tout le pays qui se trouve à portée de la vue, toute la ligne du terrein le plus éloigné, comme toute l'étendue de celui où nous sommes. On campe, par imagination, une armée sur le terrein qui se découvre le plus devant nous, & que nous voyons en face. On en considère les avantages & les défauts; on voit ce qui peut être favorable à la cavalerie, ce qui est propre à l'infanterie. Je fais la même chose dans le pays qui est en deçà; je forme imaginairement les deux ordres de bataille, & imaginairement je mets en œuvre tout ce que je sçais de tactique & de ruses de guerre. Par cette méthode, je me perfectionne le coup-d'œil; je me rends le pays familier, & je me fortifie dans l'art de saisir promptement les avantages des lieux; ou ce qui peut y être désavantageux; outre que j'avance en connoissances & en sçavoir, & que je passe mon temps sans aucun ennui, en satisfaisant ma passion. Passons maintenant aux observations sur la défensive & sur l'offensive, par rapport à la guerre d'Eryce.

ATTAQUE ET DÉFENSE DES PLACES.

REMARQUES.

Il y a certaines approches qu'on peut appeller par galeries hors de terre. Je les trouve dans Grégoire de Tours : elles me semblent fort singulières, & je ne pense pas qu'aucun autre auteur en ait fait mention. Il dit donc qu'au siège de Comminges, Landegésile, général de l'armée de Gontran roi de Bourgogne, ayant investi cette place & préparé toutes choses pour l'attaquer, se trouva fort embarrassé pour approcher de la place & la battre avec le belier. Il ne trouva pas de meilleur expédient, pour le mener à couvert, que de ranger deux files de chariots joints bout-à-bout. On couvrit l'entre-deux des ais en travers avec des claies par dessus ; ce qui formoit une galerie, à la faveur de laquelle on pouvoit marcher sans danger jusqu'auprès de la ville, & dont Landegésile se servit pour conduire le belier & les choses nécessaires pour faire le siège.

DU COMBLEMENT DU FOSSÉ,

POUR MONTER A L'ASSAUT.

Il étoit néceſſaire qu'il y eût pluſieurs tortues de front, & que le paſſage ſur le foſſé ou le comblement fût d'une très-grande largeur, pour que les troupes, commandées pour l'aſſaut, défilaſſent à couvert & en grand nombre à travers & ſous ſes tortues, & qu'elles puſſent attaquer ſur un front égal à la brèche ; méthode excellente & tout à fait inconnue aux modernes, qui s'en font ſi fort accroire dans l'attaque des places. Que peut-on imaginer de moins ſenſé & de plus contraire aux règles de la guerre, que le paſſage de nos foſſés à nos brèches ? A peine notre comblement peut contenir ſix hommes de front à la face d'une brèche tout au moins de quinze toiſes : outre que nos logemens ſur la brèche, lorſqu'il nous arrive d'en faire (car il eſt rare que nos gouverneurs attendent cette extrémité apparente, ce n'eſt plus la mode), forment un très-grand obſtacle pour attaquer ſur un front tant ſoit peu ſupportable ; de ſorte que, ſi un défenſeur de place connoiſſoit ſa force & ſes avantages dans ce cas là, on attaqueroit avec plus de méthode & de précaution. L'ignorance des réſiſtances fait la moitié du mérite de nos attaques ; car la perfection de celle-ci dépend de l'autre.

DES

DES SORTIES.

Il n'y a point de milieu entre les grosses & les petites sorties ; au moins il n'y en devroit point avoir. Il les faut faire ou très-petites ; comme de dix, vingt ou trente hommes tout au plus, pendant la nuit, pour interrompre le travail ; ou du tiers pour le moins de la garnison, non en plein jour ; mais une heure ou deux avant. C'est ce que nous ne pratiquons jamais, ou presque jamais, ni dans le nombre, ni dans le temps, à l'égard des grandes. Les anciens n'en faisoient pas de petites : ils sortoient toujours, forts & à propos ; rarement dans le plein jour, & presque toujours à la faveur des ténèbres, qui est l'heure la plus commode & la plus heureuse.

Ce seroit une très-grande imprudence, une vraie témérité dans le commencement d'un siège ; mais elle se tourne en sagesse sur la fin, lorsque les assiégés sentent qu'ils n'ont plus de terrein à perdre que le dernier qui leur reste : & lorsqu'il n'y a plus rien derrière nous ; & en deçà de nos brèches ; on doit songer à reprendre ce que l'on a perdu en de-là. Il est rare qu'on ne réussisse. C'est un avantages très-grand dans les assiégés ! en ne gagnant rien, ils ne perdent rien de ce qui leur reste encore, & l'ennemi songe bien moins à entreprendre qu'à conserver ce qu'il a pris ; & cependant les assiégés gagnent du temps : &, s'ils diminuent de leurs forces par quelques soldats, l'ennemi en perd toujours au triple, & risque le tout dans une sortie forte & heureuse, par l'incendie de ses machines, ou, parmi nous, par l'enclouement des batteries & le comblement des places d'armes.

Les défenses les plus belles & les plus sçavantes, sont celles où l'on tue beaucoup de monde, & où l'on en perd peu ; c'est un grand art, & cet art s'enseigne & s'apprend pour l'attaque & pour la défense. Dans celle-ci c'est de ne point prodiguer la vie de sa garnison au commencement, & de la hasarder à la fin, mais non pas sans de puissantes raisons, sans nécessité, sans l'extrémité la plus pressante : car c'est souvent des grandes extrémités que notre salut dépend & le plus ordinairement, si les commandans des places avoient le courage assez grand pour les attendre, & assez de capacité pour en profiter ; car l'on ne trouve sa délivrance que par des efforts & des résolutions conformes à ces extrémités.

Avant cette extrémité, ce seroit une grande imprudence & une très-grande folie d'engager une sortie générale, & de mettre tout en risque dans le commencement d'un siège ; car une telle tentative ne peut passer pour sage, ni d'un homme qui sçait son métier, qu'elle ne soit l'effet d'un grand dessein. Or, elle ne peut jamais l'être lorsqu'on a encore beaucoup à perdre. Mais, lorsque le terrein nous manque, & que nous touchons aux derniers périls, il n'y a point à délibérer. Rien de plus redoutable qu'une grosse & puissante sortie : il est inoui, jusqu'à présent, à l'égard de nos défenses, qu'une tête de tranchée se soit soutenue contre. Les assiégés ont toujours l'avantage, parce que ces sortes d'affaires sont promptes, subites, impétueuses, toujours inattendues, & manquent rarement dans le succès. Quand on lit dans les histoires ou dans les gazettes que les assiégés ont été repoussés, cela veut dire qu'ils se sont retirés après avoir fait le coup : car où veut-on qu'ils aillent, si ce n'est dans la place, avant les secours qui peuvent venir du camp?

Comme ces sortes d'entreprises sont peu communes, il est rare qu'on ne se trouve surpris. Ceci mérite d'être remarqué, & de servir de leçon aux modernes, qui ne profitent jamais des avantages que l'extrémité fournit, qui sont très-grands & toujours heureux : car dans presque tous les siéges il échappe des occasions où l'on pourroit faire de grandes choses, soit faute de hardiesse & de résolution, soit qu'on manque de gens qui les connoissent, ou qui sçachent faire usage de leurs forces lorsque la nécessité les y contraint. Lorsqu'on n'a plus rien à perdre, il faut se résoudre à périr ou à tout gagner; & il y a à parier pour celui-ci plutôt que pour l'autre. Car pourquoi céder à l'ennemi l'avantage de nous attaquer dans notre dernière retraite, lorſque nous pouvons lui en faire paſſer l'envie, en l'attaquant lui-même tout le premier dans le temps qu'il s'y attend le moins ? Celui qui ſe défend penſe toujours à l'avantage de l'aſſaillant, qu'il croit toujours plus fort & plus brave; & ſur cette opinion il fait peu de réſiſtance ; au lieu qu'il penſe tout autrement lorſqu'il eſt le premier à attaquer. De tous les malheurs, il n'en eſt point de plus grand & de plus inſupportable aux hommes véritablement courageux, que d'être commandés par des chefs ignorans & ſans aucune conduite ; &, s'ils ajoutent la lâcheté à tout cela, l'infamie tombe ſur tous : car ceux qui ſe rendent lâchement, étant ſeuls écoutés dans leur juſtification, ne manquent pas de rejetter la faute ſur tous les autres.

Les ſorties de nuit ſont les plus favorables & les plus ſûres : car celles qui ſe font en plein jour font voir tout à découvert toutes nos manœuvres & notre foibleſſe ; au lieu que les autres cachent tout dans une nuit obſcure, qui augmente la terreur. On ne penſe jamais, dit Tite Live, que l'agreſſeur ſoit le plus foible. En effet, il eſt difficile de croire que celui qui attaque osât s'engager à des tentatives ſi périlleuſes, s'il ne comptoit ſur ſes forces & ſur des reſſources qu'on ne comprend pas. La clarté découvrant tout aux aſſiégeans, ils ſe défendent avec beaucoup de courage & de hardieſſe, par l'opinion qu'ils ont de leurs forces ; & les autres, emportés d'abord par cette impétuosité toute particulière à ces sortes d'actions, ne résistent pas longtemps par la considération de leur foiblesse; de sorte qu'elles sont toujours malheureuses ou de peu d'effet, & n'aboutissent à rien plus qu'à détruire quelques toises d'une parallèle; après quoi l'on se retire avec la même hâte & la même confusion qu'on est sorti, & l'on s'applaudit ridiculement d'une bagatelle qui ne retarde les travaux que de quelques momens : sans considérer que ces sortes de sorties avancent la prise de la place, bien loin de la retarder, parce que l'on fait périr inutilement une infinité de braves gens & l'élite d'une garnison.

Une sortie, qui n'est pas le résultat d'un grand dessein, ne sert qu'à faire perdre inutilement du monde : or l'on vise à un grand dessein lorsque l'on sort pour ruiner les batteries.

Dans l'attaque comme dans la défense, tout consiste à regagner promptement ce que l'on a perdu. Par cette méthode que les anciens pratiquoient parfaitement, & qui n'est pas connue aux habiles d'entre les modernes, l'assiégeant avance la prise de la place, & l'assiégé l'éloigne & traîne le siège en longueur.

Une méthode excellente & toute nouvelle contre les sorties, c'est de sauter tout d'un coup sur le revers de la tranchée, & d'aller au devant de l'ennemi; de sorte qu'il se trouve tout étonné, tout surpris, & réduit à se défendre bien loin d'attaquer. Ces sortes de boutades sont toujours heureuses, & font évanouir les sorties les mieux concertées & les espérances des assiégés.

EFFET DES PETITES SORTIES NOCTURNES.

Les anciens étoient toujours armés, soit dans les travaux d'un siège, soit dans ceux d'un camp, pour être tout prêts à combattre comme les autres, & à laisser là la pelle & la pioche; car c'étoit un crime capital de travailler sans l'épée. Nos travailleurs, dans les sièges, ne connoissent pas cette discipline, & personne jusqu'ici ne s'est avisé de la leur inspirer & de l'introduire dans les armées. Comme ils vont aux travaux sans aucune arme qui les mette en état de se défendre, ils s'enfuient à la première allarme, comme de misérables paysans qui n'ont que leur pelle & leur pioche. C'est la faute des généraux plutôt que de leurs officiers, qui n'ont pas le pouvoir de détruire une si méchante coutume : Ce qui fait tout le mérite des petites sorties nocturnes de dix ou vingt hommes, qui suffisent pour déranger tout le travail d'une nuit, & pour mettre en fuite trois cent travailleurs, qui laissent là l'ouvrage, qu'il faut remettre à la nuit suivante; ce qui fait perdre beaucoup de temps, dont les assiégés profitent.

La disposition des sorties & des assauts doit être sur les mêmes principes; &, quand même nous aurions manqué d'exemples qui prouvent qu'on combattoit sur une extrême profondeur & peu de front dans ces fortes d'actions, nous aurions démontré, par les règles de la guerre, que l'on ne pouvoit attaquer autrement qu'en colomnes, parce qu'en effet on ne fçauroit combattre fur un plus grand front que fur celui de l'ouverture de la brèche, qui règle celle du comblement du foffé.

Si c'étoit aujourd'hui la mode de foutenir au moins un affaut au corps de la place, comme du temps de nos pères, & comme cela s'eft vu quelquefois, comme au dernier fiège de Barcelone, fans qu'on puiffe dire qu'on y foit revenu, je ne vois pas comment un général s'y prendroit pour réuffir. Je ne doute nullement qu'il n'y échouât autant de fois qu'il s'aviferoit d'attaquer en défilant à la brèche, puifque nos ponts fur le foffé, comme il nous plaît de les appeller fort improprement, n'ont ordinairement que fix toifes de large ; encore y comprend-on l'épaulement de fafcines les unes fur les autres, du côté du flanc du baftion oppofé, dont on eft vu ; & cet épaulement occupe au moins quinze pieds de fa largeur, encore ne s'y trouve-t-on pas à couvert contre le canon du flanc oppofé.

DES ESCALADES.

Les murailles n'étant point terrassées chez les anciens, les attaques d'insulte ou escalades devenoient plus dangereuses : car, bien que l'ennemi eût gagné quelque endroit, quelque poste du dessus, il ne pouvoit pas toujours s'assurer d'être le maître de la ville. Il falloit descendre, & se servir d'une partie des échelles par lesquelles l'on étoit monté ; ce qui n'étoit pas une petite affaire & une chose bien sûre ; & l'on ne descend pas avec le même avantage que l'on monte. Il faut, en descendant, tourner le dos à l'ennemi, qui nous attend en bataille en bas, si la tête ne lui tourne pas. Il est bien certain que les escalades étoient plus difficiles du temps des anciens, à cause de la hauteur extraordinaire de leurs murailles ; & leurs tours étant plus hautes, elles se trouvoient hors d'insulte : de sorte qu'on n'étoit pas peu empêché. Ajoutez encore que, les murs n'étant pas terrassés, si l'ennemi se rendoit le maître de quelque courtine, il falloit d'autres échelles, ou tirer celles par lesquelles l'ennemi étoit monté, pour les passer de l'autre côté du mur, pour descendre dans la ville ; ce qui étoit plus difficile & encore plus dangereux que de monter : car, lorsqu'on a affaire à de braves gens, l'on n'a souvent rien fait lors même que la victoire s'est déclarée.

DE LA DÉFENSE
CONTRE LES ESCALADES.

UN gouverneur de place ne sçauroit être trop en garde, & sur-tout lorsque sa garnison est foible, ou qu'elle est mauvaise. Dans ce cas, il doit extrémement se précautionner contre une surprise ou attaque d'emblée. Ce qu'il y a de mieux à faire est de garnir les flancs de son corps de place d'autant de canons qu'il lui sera possible, d'y mettre les munitions nécessaires pour tirer, au moins, dix coups de chaque pièce. Celles de six, de huit & de douze sont les meilleures, parce qu'elles sont plus légères & plus faciles à servir. On les tirera à cartouches avec des balles d'un quarteron, ou de ferraille. Mais, comme les feux de toute espèce dans ces sortes d'affaires ne sont pas aussi meurtriers qu'on diroit bien, & sont peu capables de faire échouer une entreprise, il faut des armes sur lesquelles l'on puisse compter, & plus sûres. Les pertuisanes, les faulx emmanchées à revers sont très-avantageuses & très-dangereuses; les fourches, s'il y en a, sont encore très-bonnes contre une escalade, & très-propres pour pousser les échelles & les renverser, lorsque le bois est de bonne longueur. On fera transporter ces armes dans les corps-de-garde des portes, & dans ceux qui sont le long des remparts.

Comme ces sortes d'entreprises sont toujours

vives & impétueuſes, il eſt toujours bon d'avoir de ces ſortes d'armes ſous la main à la première allarme, & de les trouver à deux pas de ſoi. Ces précautions ne ſuffiſent pourtant pas pour s'aſſurer contre une entrepriſe ſi violente. Si le foſſé n'a point de cunette, on en fera faire une, & un foſſé aſſez profond aux endroits où l'on doit mettre le pied des échelles : on peut encore ſe ſervir d'une paliſſade auprès de la muraille, ou au milieu du foſſé. Les poutres cylindriques, ou de pieds d'arbres, ſont très-bonnes contre une eſcalade. Il en faut faire tranſporter le long du rempart tout autant qu'il y en aura dans la ville pour s'en ſervir au beſoin, & les faire rouler ſur le talud en bas, lorſqu'on s'appercevra que l'ennemi applique des échelles, & qu'il monte pour ſe guinder ſur le parapet. Si c'eſt en hiver, & que le foſſé ſoit rempli, on fera rompre la glace à l'entrée de la nuit, & l'on fera en même temps jetter de l'eau ſur le talud.

Toutes ces précautions & ces ſortes de préparatifs étant connues de l'ennemi, elles lui feront croire que l'on a eu vent de ſes deſſeins ; ce qui fait qu'il n'y penſe plus, voyant qu'on eſt ſur ſes gardes. Si la ville a pluſieurs portes, l'on n'en laiſſe que deux, ou une ſeule ; &, lorſqu'on les ferme, on ſe ſert de longues caiſſes, qu'on remplit de ſacs à terre, que l'on met derrière : mais le plus puiſſant obſtacle eſt d'y mettre pluſieurs arbres coupés, que l'on retire aiſément, lorſqu'on les ouvre. A l'égard des autres, on les terrasse avec de la terre mêlée avec du fumier, après en avoir abattu les orgues. L'on mêt encore du canon, sur les corps-de-garde, qui puisse enfiler le pont. On doit se munir encore de bombes toutes chargées, & de grosses grenades, pour les faire rouler dans le fossé ; ce qui fait un fracas épouvantable, & les éclats ne manquent jamais de briser les échelles. On joint à cela des artifices & des fascines goudronnées ; ce qui donne visée aux canonniers qui voient dans le fossé, sans que ceux qui bordent le rempart puissent être vus de l'ennemi qui est en bas.

Lorsqu'on se trouve trop foible pour garnir un rempart, & pour résister contre un grand nombre d'échelles, & que l'on craint de s'affoiblir aux autres endroits, on tâche d'y ajouter l'art pour suppléer au défaut des hommes, en bordant le parapet d'une chaîne de chevaux de frise attachés l'un à l'autre, & posés de telle sorte que l'ennemi ne puisse franchir sur le parapet, ni les entraîner en bas. On se sert encore d'autres arbres coupés, dont on aiguise la pointe des branches, & dont on brûle ensuite le bout pour la rendre plus forte. On ajoute à tous ces obstacles un grand nombre de chausses-trapes, que l'on sème dans le fossé aux endroits où l'on craint le plus. La garde doit être exacte en dedans, & les rondes perpétuelles ; & à l'égard du dehors, on ne doit pas le négliger. Pour avoir des nouvelles, l'on fera sortir tous les soirs une ou plus ſieurs petites troupes de cavalerie, ſelon les craintes, pour battre l'eſtrade du côté de l'ennemi : car il s'agit moins de combattre que d'être averti de ce qui ſe paſſe au dehors ; outre les eſpions qu'on doit avoir par-tout aux environs de la ville.

Les places, dont le foſſé eſt plein d'eau, ne ſont guère inſultables ; elles ne le ſont que pendant les glaces, & lorſqu'elles ont bien ſerré : & les entrepriſes ſur celles-ci ſont les plus aiſées. On va de plein pied ſur le foſſé, au lieu qu'il faut de plus longues échelles. On a coutume de rompre la glace tous les jours à l'entrée de la nuit ; ce qui n'eſt pas un petit travail, encore eſt-ce toujours imparfaitement ; & dans les froids les plus extraordinaires, qui ſont les temps propres pour ces ſortes de deſſeins, les glaces ſerrent & portent en une heure. On ſe ſouviendra de l'eſcalade de Philipſbourg en 1635. Cette ville fut ſurpriſe & eſcaladée dans le plus fort de l'hiver, par la malhabileté & la négligence du gouverneur.

Si l'ennemi, malgré la réſiſtance qu'il trouve aux portes, vient enfin à bout d'en enfoncer quelqu'une, on aura des arbres entiers tout prêts pour les jetter les uns ſur les autres au devant de la porte, derrière leſquels on logera des fuſiliers & des piquiers pour arrêter l'ennemi : obſtacle inſurmontable qu'on ne connoît pas bien encore. Il y a encore un autre expédient ; c'eſt d'ouvrir la voute en œil de bœuf, & d'en faire pleuvoir une grêle de feux de grenades ou de bombes sur ceux qui entrent : mais, s'il y a des arbres coupés, il n'est pas besoin de tant de cérémonie, puisqu'il est impossible de pouvoir pénétrer, pour peu qu'il y ait des gens derrière pour les défendre.

On peut voir, par ce que je viens de dire en fort peu de mots, les avantages de la défense contre les escalades. Rien n'est plus simple que de repousser l'ennemi, & rien de plus important que de faire connoître ces avantages aux soldats d'une garnison, non dans le temps qu'on est escaladé, mais lorsqu'on soupçonne de l'être, ou lors même qu'on ne le soupçonneroit pas : car rien n'importe davantage que d'instruire les troupes, ou du moins leurs officiers, qui ne manquent pas de les instruire à leur tour dans l'occasion.

Les lecteurs se souviendront que ces sortes de desseins ne s'exécutent qu'à la faveur d'une nuit sans lune ; & que les mauvais temps, lorsqu'on a peu de chemin à faire, ne sont pas toujours un obstacle : mais c'est quand on veut surprendre une garnison, ou qu'on a quelque intelligence dans la ville. Ici je ne suppose pas cela : je veux qu'on ait le temps de border le rempart, ce qu'on doit mettre au rang d'une demi-surprise. Or, dans ce cas, je ne vois pas comment celui qui attaque pourra échouer : car l'on est si peu préparé à cela dans les places, quelque fortes qu'elles soient, qu'on sera fort surpris de m'entendre dire qu'on voit rarement que les flancs du corps d'une place soient bordés de canon. Or, lorsqu'on se voit attaqué, a-t-on assez de temps pour en faire venir & le mettre en batterie ? Et, quand on en auroit le temps, le feu de ces flancs seroit très-peu redoutable dans les ténèbres. Il n'y auroit qu'un coup de hasard qui pourroit attraper une ou deux échelles. Outre qu'on n'escalade pas moins les flancs que les faces, l'effet de nos différentes bouches à feu n'est certainement pas si formidable qu'on se l'imagine. De quatre mille coups de canon tirés dans une bataille qui aura duré toute une journée, on a remarqué qu'il y avoit à peine trois cent hommes de tués ou de blessés, & trois ou quatre cent mille coups de fusil tueront ou blesseront à peine dix à douze mille hommes. J'ai observé, autant qu'il m'a été possible de le faire, qu'il s'est tiré dix-huit cent mille coups de fusil à la bataille de Malplaquet : les deux armées faisoient tout au moins deux cent mille hommes. Ceux qui sont de bonne foi à l'égard des alliés, prétendent qu'il y eut dix-huit à vingt mille hommes de tués de leur part ; la perte fut de la moitié moins grande de notre côté. Voilà pourtant un nombre innombrable de feux de toute espèce. On me pardonnera cette digression, qui ne m'a pas paru de petite importance au sujet que je traite, pour faire connoître qu'il y a des entreprises très-périlleuses & très-meurtrières en apparence, comme les escalades, qui ne le sont pourtant que dans l'imagination de certaines gens ; &

qu'aux siéges, où l'on croit ménager beaucoup plus le sang en allant à couvert jusqu'au corps de la place & jusqu'aux brèches, on en perd au contraire infiniment plus.

RÉGLEMENS

RÉGLEMENS QU'IL FAUT OBSERVER DANS UNE ESCALADE.

DANS toutes sortes de desseins qui opèrent les surprises, & particulièrement celles des places, le succès dépend presque entièrement du secret, de la diligence & de l'ordre dans la marche. Dans celle-ci, comme dans l'autre, il y a bien des mesures à prendre ; &, bien qu'elles soient d'un détail assez grand, elles ne sont pas moins aisées dans l'exécution. Je les ai proposées en plusieurs endroits.

La méthode est plus aisée à appliquer dans la surprise d'une ville, ou d'un ou de plusieurs quartiers, que dans celle d'une armée. Je la proposai lorsque M. le marquis de Goébriand, lieutenant-général, qui commandoit à Saint-Omer, voulut surprendre Aire, par une escalade, en 1711 ; entreprise infaillible, comme il l'écrit lui-même à la cour, s'il ne fût parti une heure plus tard, ou plutôt si une partie des troupes ne se fût égarée. Sans ce malheur, nous avions du temps encore pour nous en rendre les maîtres. Ses préparatifs furent si secrets, bien qu'il fallût faire un certain nombre d'échelles, que les ennemis n'en eurent aucunes nouvelles : mais ce qu'il y eut de plus remarquable & de plus digne d'être observé des gens du métier, ce sont les mesures & les précautions qu'il prit pour couvrir sa marche jusques sur le bord du fossé de la place, où le jour nous prit, sans que l'ennemi nous eût encore découverts. Il ne nous découvrit pas même dans notre retraite, à cause d'un grand brouillard qui s'éleva un peu avant la pointe du jour. J'expliquerai, en peu de mots, ces mesures & ces précautions; car, bien qu'elles soient dans le même systême & le même esprit que celles que j'ai proposées en plusieurs endroits de cet ouvrage, où je traite des surprises de camps & d'armées, à l'égard des marches qu'on veut dérober à l'ennemi pour aller à lui, il ne sera pas inutile que je les fasse remarquer ici en particulier. Il fit fermer les portes à l'entrée de la nuit, sous prétexte d'arrêter des espions qui étoient dans la ville. Il fit sortir environ deux cent hommes d'infanterie, divisés en plusieurs petits détachemens, commandés par des officiers & des sergens expérimentés, auxquels on cacha le véritable dessein; afin qu'au cas que quelque soldat vînt à déserter, il ne pût rien apprendre de ce qui se passoit. On leur dit seulement de s'embusquer sur tous les chemins & sur tous les passages par où l'on pouvoit aller à la ville. Comme on avoit examiné tous ces endroits-là, & que le marquis de Goébriand les connoissoit fort bien, pour avoir défendu cette place, la campagne précédente, avec tant d'opiniâtreté, de valeur & de gloire, chaque détachement eut ordre de se rendre à l'endroit qui lui fut prescrit. On leur dit seulement qu'on étoit informé qu'il devoit entrer dans la ville un homme qui portoit une somme confidérable pour payer la garnifon ; que la moitié de cette fomme feroit donnée au détachement qui s'en faifiroit, & une partie du refte diftribuée aux autres détachemens ; que, pour ne pas manquer le coup, on poferoit plufieurs fentinelles à certaine diftance les unes des autres, qui fe mettroient ventre à terre, & formeroient comme une chaîne d'un détachement, ou d'un pofte à l'autre, avec ordre d'arrêter tout ce qui viendroit ou iroit à la ville, d'obferver un grand filence, de ne point aller au Qui-vive ; & que, s'il venoit des troupes du côté de Saint-Omer, de ne point bouger de leurs poftes. L'officier qui commandoit tous ces détachemens, qui étoit lui feul dans le fecret, & qui devoit les pofter, avoit ordre, dans le temps qu'on efcaladeroit la ville, de les faire avancer fur le bord du foffé de la place aux endroits où l'on ne devoit pas attaquer, pour faire feu fur le rempart lorfqu'on entendroit tirer, afin de faire diverfion des forces de l'ennemi, & les occuper de telle forte qu'il ne fçût ou courir, ni diftinguer la véritable attaque des fauffes. On devoit monter par le moyen de trente ou quarante échelles. L'auteur de cet ouvrage étoit commandé pour monter le premier à la tête de vingt officiers & de trente foldats des plus déterminés, fuivis d'un commiffaire d'artillerie, avec des leviers de fer, de longues tenailles, des marteaux, des haches, & autres machines propres pour rompre les gonds & les verrouils de la porte d'Arras, après que la troupe, qui devoit monter la première se seroit emparée de cette porte, & auroit égorgé la garde, qui n'étoit que de trente hommes. On voit, dans tout ce récit, d'où j'écarte une infinité de circonstances très-instructives, pour n'être pas excessivement long, que ces sortes d'entreprises, bien concertées, & telles que celle dont je viens de parler, où il n'y eut d'autre défaut que celui d'être parti une heure plus tard; on voit, dis-je, que le seul fait nous apprend le principe & la méthode, sans aucun besoin de commentaire: car, si je ne m'étends pas au-delà de ce que je viens de dire, je ne le fais que pour ne pas répéter ce que j'ai dit ailleurs des attaques d'emblée, ou par escalade, des anciens.

On a pu remarquer, par ce que j'ai dit de la fabrique des échelles, combien il importe de les faire avec un extrême secret. Le meilleur & le plus prudent, est d'enfermer les ouvriers, supposé qu'on n'en eût point dans l'arsenal. La nuit est le temps le plus propre pour ces sortes de desseins. Philippe, roi de Macédoine, & père d'Alexandre, choisissoit pour ses entreprises les saisons les plus rudes & les mauvaises, qui, tout bien pesé, dit un auteur, éloignent autant d'obstacles qu'elles en apportent. Cela est certain dans le temps de pluie, à moins qu'on ne marche par un grand vent, ou par un grand froid, & une nuit sans lune, pour arriver une heure avant qu'elle se lève; mais il faut règler de telle sorte la marche, qu'on puisse entrer en action une ou deux heures avant le jour, & se souvenir de partir plutôt que plus tard. On fera reconnoître les différens chemins pour y aller, & les endroits par où l'on doit marcher, & sur-tout les défilés : car l'on sçait, par un calcul infaillible, combien il faut de temps à un corps de troupes pour passer un pont, ou un défilé, sur plus ou moins de files. S'il y a deux ou trois chemins, peu éloignés, qui mènent au même endroit, on marchera sur deux ou trois colomnes. Les chariots qui sont chargés des échelles, seront précédés d'une avant-garde, celle-ci d'une ou de deux compagnies de grenadiers. On marchera dans un grand silence. Que si l'on remarquoit qu'il y eût des soldats enrhûmés, on les renverra pour en prendre d'autres en leur place. Aucun soldat ne sortira de son rang, sous peine de la vie. Les officiers & les sergens, qui doivent être doubles, y auront une particulière attention.

Lorsqu'on sera arrivé près de la ville, on s'y mettra en bataille, dans un grand silence. On distribuera alors les échelles aux premiers qui doivent monter, qu'on choisira parmi les plus vigoureux ; car, dans un dessein de cette conséquence, on prend tout ce que l'on a de troupes d'élite. On séparera les serruriers & les charpentiers, pour s'en servir dans l'occasion, afin de pouvoir les prendre, si l'on vient à gagner le rempart. Chaque centaine d'hommes aura son poste fixe, commandée par ses officiers. On s'avancera en bon ordre au chemin couvert, où l'on fera avancer les serruriers, pour faire sauter les barrières, avec le moins de bruit qu'il sera possible. Si l'on n'est pas découvert, toutes les troupes y entreront brusquement; & les mêmes échelles, destinées pour l'escalade, serviront pour descendre dans le fossé, & les autres descendront par les endroits qui servent à ceux de la ville pour venir du fossé au chemin couvert. La diligence doit être des plus grandes, pour appliquer les échelles contre les remparts: on se hâtera d'y monter, & les premiers montés se formeront sur le terre-plein. Dès qu'on en sera averti, & qu'il y en aura une centaine, on fera monter les charpentiers & les serruriers, pour se rendre maîtres de la porte la plus proche, pendant que ceux qui suivent en queue se formeront sur le rempart; observant, en montant, de ne point trop charger les échelles. Si l'ennemi se présente, on chargera, & on le joindra fort ou foible sans tirer, & la baïonnette au bout du fusil. Si l'on ne défile pas en assez grand nombre, les grenadiers, qui doivent avoir leurs haches, couperont des arbres, s'il y en a sur le rempart, pour s'en servir comme de retranchement; &, s'il y a quelque cazerne, on tâchera d'y mettre le feu. Que si l'ennemi s'avance sur le rempart, & qu'il soit repoussé, on le poussera pied-à-pied, sans trop s'emporter dans la poursuite. On se formera sur le plus de hauteur qu'il sera possible; &, à mesure qu'on groſſira, on s'étendra le long du rempart, pour ſe joindre enſuite à ceux qui entreront par les portes.

Les officiers auront grande attention d'empêcher le pillage, & qu'aucun ſoldat ne ſorte de ſon rang, avec défenſe d'entrer dans les maiſons, & encore moins d'y mettre le feu. Cette partie, qui regarde l'attaque, n'eſt pas pourtant épuiſée : nous en traiterons dans un autre lieu.

Lorſqu'une place aſſiégée réſiſte tellement qu'on craigne d'être repouſſé à une brèche, & qu'on ſent bien que l'aſſaut ſera difficile, par la valeur & l'audace de la garniſon, & qu'on a des raiſons de s'en rendre au plutôt le maître ; cela arrive quelquefois, lorſque le ſecours eſt prêt d'arriver ; il ne s'agit plus alors de ménager ſon monde, ni d'attendre que les brèches ſoient en état d'être inſultées facilement. On doit avoir un grand nombre d'échelles, tenter de tous les côtés, & faire autant d'attaques qu'il eſt poſſible d'en faire, particulièrement ſur le front attaqué. Il faut que les échelles ſoient près-à-près les unes des autres, & comme colées enſemble : car rien n'épouvante davantage une garniſon, & ne donne plus à penſer à celui qui la commande, que lorſqu'on lui préſente une eſcalade, après une ou deux brèches au corps de la place, qu'on ne voudra pas ménager. Ce n'eſt pas encore tout ; on ne doit pas négliger les portes. Il faut les attaquer avec toute l'audace poſſible,

& mettre en œuvre tout ce qu'un déterminé général peut imaginer de fort, pour percer par quelque côté : car les assiégés, se voyant environnés de toutes parts, ne sçauront y courir, ni comment soutenir les brèches, où il faut beaucoup de monde, ni défendre les portes & le rempart. Ces sortes d'actions doivent être vives, brusques & impétueuses.

DES RÉPARATIONS DES BRÈCHES.

LES choses néceſſaires pour ces ſortes d'ouvrages doivent être préparées de longue main. On ſe ſervoit anciennement d'arbres coupés, dont on épointoit le bout des branches, qu'on brûloit enſuite, pour rendre leurs pointes plus dures & plus fortes. On les étendoit tout de leur long ſur tout le front de la brèche, fort près-à-près les uns des autres, pour que les branches s'entrelaſſaſſent enſemble ; ce qui formoit comme une haie impénétrable, qu'on ne pouvoit aborder ſans témérité. Les troncs tenoient les uns aux autres par de fortes lambourdes ; de ſorte qu'il étoit impoſſible de ſéparer ces arbres, & de les détruire même par le feu ou par les machines, & encore moins aiſé d'en approcher, le derrière étant garni d'une foule d'archers, & de gens armés de piques & de longues pertuiſanes.

Les aſſiégés ſe ſervoient encore d'un autre expédient, pour couvrir leurs brèches. Ils avoient un grand nombre de longues poutres, qu'ils deſcendoient debout ſur les débris, qu'ils poſoient à côté & près-à-près les unes des autres, & qu'ils lioient enſemble par un fort lambourdage de plusieurs ſolives chevillées ou clouées fortement. Ces poutres, rangées de la ſorte, & ſouvent ſur pluſieurs rangs, réſiſtoient aux coups de beliers : mais ces nouveaux murs n'étoient praticables qu'aux villes où les murailles étoient terrassées, les poutres appuyant sur la terrasse ou sur le revêtement, lorsqu'on vouloit empêcher qu'il ne fondit entièrement. Les Turcs ont conservé ces sortes de murs de poutres pour couvrir les brèches. Quelqu'un, au dernier siège de Lille, proposa cette méthode, qui eut le succès qu'on en attendoit; car les assiégeans avouèrent que ce nouveau mur étoit beaucoup meilleur & plus fort que n'étoit le revêtement.

Les assiégés jettoient aussi, au bas & sur les décombres de la brèche, une quantité prodigieuse de bois sec & de matières combustibles auxquelles on mettoit le feu; ce qui causoit un tel embrasement, qu'on avoit soin d'entretenir, qu'il étoit impossible aux assiégeans de passer à travers les flammes, & d'approcher de la brèche. L'histoire ancienne & moderne nous apprend un grand nombre d'exemples de ces sortes de stratagêmes, non pas seulement dans les sièges, mais encore dans les retraites d'armées faites dans des défilés ou sur des chaussées.

L'auteur de l'*Ecole de Mars*, qui est un assez mauvais livre, & rien moins qu'une école de guerre, blâme à tort M. d'Hermand, mestre de camp d'infanterie, d'avoir proposé un semblable moyen de couvrir une brèche, au dernier siège de Lille en 1708. Cela ne paroît pas de son goût : parce, dit-il, que les anciens l'ont pratiqué autrefois, comme si, en effet, les anciens étoient des pécores & de vieux radoteurs. On voit bien, par son livre, qu'il ne les a jamais connus. Quoi qu'il en soit, M. d'Hermand, officier ingénieux, plein de ressources & fort appliqué au métier, fit jetter beaucoup de buches & de matières inflammables au-devant de la brèche, auxquelles on mit le feu : ce qui fit un fort bon effet, & obligea les ennemis de faire un grand dégât de leurs bombes, pour écarter ces buches & éteindre l'incendie. Ces sortes de pratiques n'ont d'autres avantages que d'éloigner un assaut de deux ou trois jours, à moins que ce ne soit à dessein de gagner du temps pour se retrancher derrière une brèche ; car, s'il falloit continuer à fournir plusieurs jours des matières, tout le bois d'une forêt & tout le goudron du monde ne suffiroit pas. L'auteur de l'école prétendue dit gravement que cette invention ne fit d'autre effet que d'accélérer la prise de la place. On ne convient pas de cela, puisque la place tint encore deux mois, ou peu s'en faut. Ces sortes de reproches sont peu honnêtes, lorsqu'on ne se fait pas remarquer par des services plus importans.

DES CONTR'APPROCHES.

S'il falloit s'en tenir aux gazettes, aux mercures, aux oui-dire de certaines gens, & aux lettres mêmes de certains officiers, ces sortes de travaux auroient réussi merveilleusement à la défense de Mayence par le marquis d'Huxelles, depuis maréchal de France, un des hommes de l'Europe le plus sçavant & le plus profond dans l'infanterie dont on ait oui parler. Il n'est pourtant pas vrai qu'il ait poussé des contre - tranchées sur l'ennemi dans ce siège : il falloit être plus fort qu'il n'étoit, & dans une place un peu moins mauvaise & de moins grande garde, que celle qu'il défendit avec tant de bravoure, d'esprit & de conduite. Toutes les défenses où l'on a dit que les gouverneurs étoient allés, par contr'approches, aux assiégeans, sont des imaginations écloses dans les caffés, quoiqu'il y ait des résistances qui fournissent quelques ouvrages assez approchans.

On a quelques exemples où les assiégés, pour chicaner les ennemis, se sont servis d'une rangée de tonneaux, de ballots, de fascines, ou de gabions farcis, qu'on poussoit à la faveur de la nuit depuis l'angle saillant de la contrescarpe, en s'avançant dans la campagne à cent ou quatrevingt pas, afin d'enfiler le matin la tranchée, retarder les travaux du jour, & détruire même ceux de la nuit, en logeant derrière ces tonneaux un bon nombre de fusiliers, & quelques petites pièces de campagne. La chose est d'autant plus facile, que les assiégeans n'oseroient guère tenter de s'en rendre les maîtres sans s'exposer au feu de toute une place, & que les assiégés n'ont rien à craindre du canon des assiégeans, dont les embrasures ne sçauroient être tournées de ce côté-là.

On peut quelquefois, par une vigoureuse sortie, s'emparer d'une parallèle & la tourner à son avantage, le revers pouvant servir de parapet, en avançant des flancs aux deux extrémités, & y loger du canon. On peut bien en rigueur donner le titre de contr'approches à ces sortes de chicanes; elles sont infiniment meilleures que toutes les contr'approches du monde au sens littéral.

Le siége de Belgrade par Mahomet II, en 1456, nous fournit un exemple de ces sortes de travaux. Ce siège est mémorable, fort beau & fort admiré des experts par la vigoureuse résistance d'Huniade, & non pas du père Jean Capistran, qui s'en attribua tout l'honneur dans une lettre écrite au Pape. Ce grand capitaine mit en œuvre tout ce que l'art des résistances a de plus fin & de plus nouveau, contre une attaque pas moins profonde, ni moins nouvelle pour ce temps là. M. Guillet, dans la vie de Mahomet II, entre dans les circonstances les plus intéressantes de ce siège. Il dit que la garnison, sans se contenter de conserver ses postes, alloit à ceux de l'ennemi par des contr'approches; & faisoit de fréquentes sorties avec succès. Voilà ce que j'avois à dire des contre-tranchées, dont tout le monde parle comme on parleroit de la chose la plus communément pratiquée; & cependant je ne trouve qu'un seul fait fort approchant de la moyenne antiquité, puisqu'il y a près de trois cent ans que l'on n'a vu pratiquer ces sortes de choses, quoique dans un temps où l'on se sentoit encore de la barbarie.

DES RETIRADES *ou* RETRANCHEMENS DERRIÈRE LES BRÈCHES.

Nos officiers & nos ingénieurs, j'entends ceux qui n'ont aucune connoissance de l'antiquité militaire, s'imaginent faussement que les retranchemens pratiqués dans le corps d'un ouvrage, ou derrière, sont une invention moderne, & que ces sortes de chicanes étoient inconnues aux anciens. Ils le prétendent ainsi, ce qui marque une ignorance extrême; puisque l'histoire ancienne est toute remplie de ces sortes de faits, & que cela va jusqu'aux siècles de la barbarie, & sans interruption jusqu'à nos pères, en descendant même jusqu'au quinzième siècle, où l'ancienne valeur & la vertu expirante donnent de temps en temps quelques signes de vie. Nos auteurs, qui traitent de l'attaque & de la défense, parlent des retirades derrière les brèches: mais cela ne va pas plus loin que du corps du bastion, ou à sa gorge, & cela d'une manière assez vague, & comme d'un usage qui tombe de décrépitude. Qu'on me fasse connoître un officier de vieille guerre qui l'ait vu pratiquer? Il dira peut-être qu'il a vu, dans certains sièges, couper un bastion à sa gorge; mais il se gardera bien d'avancer qu'on ait soutenu un assaut au bastion, & ensuite au retranchement pratiqué derrière.

Les retirades, que les anciens appellent nouveau mur derrière la brèche, n'étoient jamais ou presque jamais parallèles à la muraille ruinée. Ils tiroient un rentrant, dont les deux extrémités tenoient des deux côtés qui restoient encore en entier. Ce nouveau mur étoit ordinairement composé de poutres couchées de plat; & rangées en échiquier les unes sur les autres, & de terre mêlée avec des pierres entre les vuides qu'elles laissoient; comme les murailles de Bourges dont parle César dans ses *Commentaires*, & Josephe dans son *Histoire de la guerre des Juifs contre les Romains*, qui parle en plusieurs endroits de ces retranchemens de retraite. Ils les faisoient quelquefois de terre soutenue par des fascinages, au défaut des poutres. Ils ne manquoient pas de creuser un fossé très-large & très-profond devant, pour obliger les assiégeans de l'attaquer avec tout l'attirail des machines & des cérémonies qu'on pratiquoit contre les murailles les plus fortes.

DES

DES VIVRES ET MUNITIONS.

Les anciens avoient coutume de munir prodigieusement de vivres les places fortes & menacées d'un siège, non pas pour trois ou quatre mois, mais pour trois ou quatre années tout au moins. Deux raisons les y obligeoient ; la crainte d'être bloqués, & la loi inviolable de se défendre jusqu'à la dernière extrémité. Les modernes se précautionnent moins à l'égard des vivres, comme dans le reste : ils croient qu'il suffit d'un approvisionnement de trois ou quatre mois dans les villes les plus fortes & les plus importantes ; cela fait pitié. Je conviens que la loi des résistances au dégré le plus extrême est une chimère en ce temps-ci ; on la renvoie aux anciens & à nos pères, qui radotoient. Mais on devroit considérer que l'ennemi, bien informé de l'état des choses ; mesurant la force de la place aux vivres qui sont dedans, & calculant la perte des hommes en l'attaquant, & la dépense d'un long siège, il aimera mieux, & gagnera plus, s'il est raisonnable, à la prendre par un blocus que par un siège dans les formes : il sera du moins assuré de s'en rendre le maître en trois ou quatre mois, faute de vivres ; car le siège peut durer tout autant par la résistance des assiégés.

Des villes, comme Lille en Flandre, comme Bergues, qui sont deux places hors de la ligne de communication de notre frontière dans ce pays-là, ne ſçauroient être trop pourvues de vivres. Il en eſt preſque de même d'un Straſbourg & d'un Landau. Celle-ci n'a jamais été approviſionnée que pour trois ou quatre mois : quelle imprudence de l'aſſiéger, lorſqu'on peut la prendre en auſſi peu de temps qu'on a mis à l'aſſiéger, avec une perte infinie de braves gens, & une dépenſe effroyable !

J'ai vu un mémoire qui contenoit un long détail des vivres & des munitions de guerre néceſſaires pour la défenſe d'une place très-forte & très-importante ; on n'en demandoit pourtant que pour trois mois, au cas qu'elle fût attaquée. Je jugeai bientôt, par ce mémoire, que l'auteur ne connoiſſoit pas beaucoup ſa place. Apparemment qu'avec cela il prétendoit faire merveilles, ou que quelque autre ſe diſtinguât ſous ſa conduite. Encore une fois, cela marquoit un homme qui ſe contentoit d'une réſiſtance fort au-deſſous du médiocre, par rapport à la force de la place & à celle de la garniſon qu'il demandoit. N'étoit-ce pas là avertir l'ennemi de bloquer la ville pour trois mois ſeulement ? Et cependant cette forteresse en peut tenir ſix de tranchée ouverte, ſans qu'une réſiſtance telle que je dis ici puiſſe paſſer pour fort mémorable. Ces raiſons & beaucoup d'autres ſurprirent d'autant plus, qu'elles étoient démonſtratives. On me demanda mon ſentiment : je répondis qu'il falloit pour une année de vivres ; & qu'à l'égard des munitions de guerre, on pouvoit les doubler sans craindre aucun blâme; qu'il se trouveroit peut-être un tel homme pour la défendre, qui n'en auroit pas de reste; qu'il falloit se défier de ces sortes de gens, qui bornent une résistance à si peu d'espace, & qui mesurent les plus grandes à la médiocrité de leur génie & de leur courage.

CONDUITE D'UN GOUVERNEUR

pour connoître les sentimens des officiers de sa garnison en temps de siège, &c.

Un gouverneur doit être doux, affable, bienfaisant, poli, & d'un abord agréable à tout le monde, & sur tout au soldat. Mais cela ne suffit pas, s'il ne s'attache principalement les principales têtes des corps; ce qui n'est pas moins aisé que le reste: Il faut leur marquer de l'estime & de la confiance, sans s'ouvrir pourtant à eux de ses desseins, qu'autant qu'il les jugera capables de l'aider de leurs conseils dans l'exécution. Les hommes ne sont pas malaisés à connoître; il n'y a qu'à les bien étudier. La table a cette vertu: comme l'on y est avec plus de liberté de parler, on juge aisément des sentimens par les discours que chacun tient sur certaines matières; & celles de la guerre doivent toujours faire le capital à la table d'un général d'armée, ou d'un gouverneur de place, qui se voit au moment d'être attaqué. La défense doit perpétuellement occuper celui-ci: il doit ouvrir plusieurs propos sur les parties qui la composent, & particulièrement sur les chicanes au corps d'une place, & sur les assauts. En écoutant ceux qui raisonnent là-dessus, & ce qu'ils pensent de ces sortes d'actions, il jugera bientôt de leur capacité &

de leur expérience, & s'ils sont d'humeur à soutenir les dernières extrémités : s'ils ne semblent pas approuver une résistance capable de mettre tout en péril, il aura lieu de s'en défier.

DE LA DÉFENSE
DES ARMÉES
retranchées dans les vallées & sur les hauteurs des montagnes. Excellente méthode de se retrancher.

Un chef d'armée, qui s'est porté sur les hauteurs des montagnes pour en défendre les gorges & les entrées, doit, avant toutes choses, examiner le terrein & les endroits les plus difficiles, comme les plus aisés, avec toute l'attention imaginable, & les endroits de revers par où l'ennemi pourroit se couler; & consulter les gens du pays, avant que de se fixer au poste qu'il veut occuper; après quoi il reconnoîtra lui-même sa ligne de communication pour communiquer aux autres vallées, tâchant de mettre derrière lui celles qui versent dans celles qu'il veut défendre. Son parti pris & son camp formé, il se retranchera sur les hauteurs qu'il veut occuper, & tirera une ligne qu'il fera passer sur les endroits les plus avantageux d'une montagne à l'autre, passant au travers de la vallée, pendant qu'il fera abattre tous les arbres, les chênes, les haies, pour ne laisser rien devant lui qui puisse servir à l'ennemi, laissant toute la montagne pelée jusques dans la plaine. Il fera en même temps rompre les chemins par où l'ennemi pourroit se glisser, & les vallons d'un accès facile qu'il fera boucher par des abattis d'arbres, ou par de bonnes redoutes. Enfin, il n'oubliera rien de tout ce que l'art pourra lui fournir, pour rendre tout ce front impraticable.

Après s'être mis l'esprit en repos de ce côté-là, il ne négligera rien pour se bien retrancher; profitant de tous les avantages que le terrein pourra lui offrir; observant sur toutes choses de pratiquer, à trente ou quarante toises de ses retranchemens, & d'espace en espace, des redoutes ou des flèches avancées, avec des communications; & ces communications doivent être entre deux terres bien palissadées de tous côtés, & où il puisse passer quatre hommes de front entre les deux banquettes: car il faut nécessairement que l'ennemi attaque ces ouvrages avant que d'aborder les retranchemens; ce qui n'est pas la chose du monde la plus aisée & de fort facile exécution, ces flèches se trouvant soutenues & flanquées de tout le feu de la ligne; &, si l'ennemi les laisse derrière, il s'expose à une tempête de feux différens qui le voient de la tête aux pieds, de flanc & à dos, pour peu qu'il lui plaise de s'engager dans ces coupe-gorge.

On conservera un nombre d'arbres coupés avec toutes leurs branches pour jetter sur les brèches, ou pour former au plutôt un second retranchement de ces arbres, au cas qu'on craignît d'être emporté au premier; méthode excellente, & à laquelle on n'avoit jamais pensé. A l'égard du canon, on le postera dans les endroits les plus avantageux.

Si l'on s'apperçoit que les troupes se rebutent

dans la défense, que les affaires prennent un mauvais train, & que l'on se voie dans un danger éminent d'être emporté ; une sortie prompte & subite, par l'endroit où l'on n'est point attaqué ou le moins pressé, peut changer la face des affaires ; c'est, je pense, le meilleur & l'unique parti que l'on puisse prendre : c'étoit la méthode ordinaire des Romains. L'extrémité fait naître ces sorties, qui ne manquent jamais de réussir, tant elles sont rares en ce temps-ci. M. de Turenne a commencé de se faire connoître par la défense d'un camp retranché. Encore une fois, rarement voit-on échouer ces sortes de stratagêmes ; outre qu'il est peu ordinaire que celui qui ne songe qu'à attaquer pense beaucoup à se défendre.

Il faut avoir une attention particulière à la droite & à la gauche, & aux endroits qui paroissent les plus impraticables, & où il semble que l'ennemi n'a aucun dessein. On doit y avoir l'œil; car rien ne prête plus à la ruse que les situations impraticables en apparence ou bisarres, où l'on peut cacher & détourner un corps de troupes qui se porte par où l'on s'attend le moins d'être attaqué, & où l'on se croit le plus en sureté. Il n'y a pas de meilleur moyen pour se garantir de ces sortes de surprises, que de suivre la méthode dont j'ai parlé. Outre les cavaliers démontés, & même les valets de l'armée, on doit y faire porter de faux drapeaux ; l'ennemi s'imagine alors qu'il y a beaucoup de monde, & qu'on est averti, & perd l'envie de tenter par ces endroits.

FAUTES

COMMISES PAR LE MARÉCHAL DE BOUFFLERS

à la bataille de Malplaquet.

L'AUTEUR y dit : » Ce qui arriva à la bataille de « Malplaquet, à la droite des retranchemens de la « trouée, est une marque bien convaincante de ce « que j'avance ; car nos soldats s'ennuyant, derrière « le retranchement, d'une défensive si fort opposée « à leur humeur, sans prendre conseil que de leur « courage, & par une boutade digne de la nation, « sortirent tout d'un coup, tombèrent avec une telle « furie sur les assaillans, & les chargèrent si brusque- « ment, qu'ils les culbutèrent & les mirent en fuite, « avec un meurtre effroyable, & les poussèrent jus- « qu'à leur cavalerie. Que si le général, ou les officiers « généraux qui commandoient en cet endroit-là, « eussent profité de cet avantage, & fait suivre le « reste de l'infanterie qui étoit en seconde ligne, & « plusieurs lignes de cavalerie, à la tête desquelles « étoit la maison du roi, qui crevoit de dépit de voir « des gens qui ne remuoient & n'agissoient non plus « que des statues, la journée étoit terminée, la vic- « toire complette & décisive, & la guerre finie. La « retraite de cette armée effroyable devenoit une « imagination, sans qu'elle le sçût, contre une autre « victorieuse, une rivière à dos bordée de marais im- «

» praticables, & la meilleure de nos places.

» Qu'on se détrompe de notre gauche, elle étoit » bien; car après avoir été chassée du bois, elle se » trouva postée où elle eût dû être au commence- » ment : tant ceux qui furent chargés de choisir un » champ de bataille en cet endroit-là, étoient en- » tendus dans l'art de poster des troupes. Encore » une fois, si l'on eût saisi une si belle occasion, » que la valeur de nos soldats nous avoit fournie, » cette armée formidable qui nous attaquoit avec » tant de désavantage, eût été perdue, abymée, & » taillée totalement en pièces.

» Comme ces braves qui sortirent ne furent jamais » suivis ni soutenus, comme je viens de le dire, & » que celui qui commandoit en cet endroit-là, té- » moin d'un événement si extraordinaire, ne songea » jamais à faire sortir le reste des troupes qui sou- » tenoient cette valeureuse infanterie, elle se retira » sans rien faire. Les ennemis, voyant cela, admirè- » rent autant la valeur de nos soldats, que le peu » de vue de celui qui commandoit en cet endroit, » qui manqua de profiter d'une occasion si favora- » ble; ils se rallièrent, & se postèrent tous en masse » aux retranchemens de la trouée que faisoient les » deux bois, qu'ils attaquèrent, & où ils ne trou- » vèrent qu'une très-foible résistance, tant ceux qui » les défendoient avoient de penchant à la retraite : » en un mot, ils firent une méchante décharge, & » puis s'en allèrent.

Je ne pense pas que qui que ce soit s'avise de trouver à dire dans ce récit : je suis témoin oculaire, & par conséquent très-bien informé de ces circonstances, & de beaucoup d'autres que j'écarte pour une meilleure occasion ; ajoutez à cela qu'il y a peu d'officiers qui ne soient en état de décrire cette bataille. La raison de cela est que nous combattîmes sur un si petit front, qu'on pouvoit voir d'un coup-d'œil de la droite à gauche, la nature des lieux ne permettant pas à une armée de près de cent mille hommes de s'étendre sur un grand front : aussi se rangea-t-on de part & d'autre sur plusieurs lignes redoublées à la cavalerie : ce qui fit qu'on oublia les dix-huit régimens de dragons dont j'ai parlé plus haut, auxquelles on eût dû faire mettre pied à terre pour réparer les affaires à notre centre. Il n'en falloit pas, à beaucoup près, tant pour rejetter l'ennemi dans la trouée ; mais on les oublia ; & cependant la bataille ne fut jamais perdue :& la défaite des ennemis étoit assurée, si quelques-uns de nos généraux n'eussent été d'avis de se retirer après la blessure du maréchal de Villars. C'est dans cette action que l'on peut dire que les soldats furent plutôt trompés que vaincus : car personne n'ignore leur répugnance à faire retraite ; & les discours qui furent tenus à la gauche & ailleurs.

Je ne nommerai pas ceux qui proposèrent cette retraite au maréchal de Boufflers, quoiqu'ils fussent doués d'un très-grand courage. Ce général combattit toujours à la tête de la maison du roi avec cette intrépidité qui lui étoit si naturelle, sans s'être porté autre part, ni s'être informé de ce qui se passoit ailleurs qu'au poste où il étoit : car il n'y avoit que deux jours qu'il étoit arrivé à l'armée, où il n'étoit venu, disoit-il, que sur le pied d'un volontaire; & il soutint ce personnage jusqu'à la fin, de peur de blesser la délicatesse de bien des gens. Quoi qu'il en soit, deux ou trois personnes mal informées de l'état des choses, ignorant encore les desseins du maréchal de Villars, qui s'étoit retiré après sa blessure, lui dirent que tout étoit perdu à la gauche, & que le reste penchoit à la suite, ce qui étoit encore moins véritable : c'étoit bien plutôt nos ennemis qui songeoient à se retirer de ce mauvais pas. Mais il est très-vrai que le maréchal fut trompé, & qu'outre les dix-huit régimens de dragons toujours oubliés dès le commencement de la bataille jusqu'à la fin, il y avoit près de vingt bataillons qui n'avoient pas encore chargé ; & tout cela étoit en état de faire pencher la balance de notre côté, parce que la victoire dépendoit de regagner ce que nous avions perdu dans la trouée ; ce qui étoit d'autant plus facile, que la maison du roi, contre laquelle l'ennemi ne vouloit avoir aucune prise, empêchoit, par la terreur qu'elle donnoit, qu'il profitât de son avantage, puisqu'il n'osa jamais la pousser. On ne connut pas même la facilité de le déloger du poſte qu'il venoit de gagner, & que nous abandonnâmes par la courte réſiſtance des troupes dont j'ai parlé : malheur qu'on eut pu réparer, & qui nous conduiſoit à la victoire.

AFFAIRE DE DENAIN.

Cette affaire, dont nous allons parler, & que l'auteur met en parallèle avec celle d'Agrigente, tome I, ch. III, *fait voir l'imprudence des alliés, & la belle manœuvre du maréchal de Villars.*

Nous avons vu, dit-il, de nos jours, par rapport à l'affaire d'Agrigente, un fait presque semblable dans ses circonstances les plus capitales, & qui assure une gloire immortelle au maréchal de Villars. On comprend bien que je veux parler de l'entreprise sur le camp de Denain, qui est l'ornement & la couronne de ce général. Quand il n'auroit aucune autre action que celle-ci, il seroit immortalisé ; il mériteroit de monter au rang & au grade des capitaines les plus célèbres, & de ceux auprès desquels Sylla se plaçoit.

La France ne touchoit-elle pas aux derniers périls sur la fin de la guerre de 1701 ? N'auroit-on pas juré que la prise de Landrecy alloit décider de sa ruine & de sa décadence ? N'eût-on pas porté le même jugement de celle des Romains après l'infortune de Cannes ? Comme si la providence eût voulu faire voir au monde, par leurs disgraces & par les nôtres, que la vertu courageuse & constante dans les approches des maux les plus accablans, loin de tomber dans le désespoir, tire au contraire ses forces & une nouvelle vigueur de ses pertes & de ses blessures.

Nos ennemis l'éprouvèrent à l'affaire de Denain : elle est si remarquable, que j'ai regret de ne pouvoir l'insérer ici dans toute son étendue : je ne m'y arrêterai donc pas, mais seulement à certaines circonstances que nous accompagnerons de quelques remarques que l'instruction demande. Elles me paroissent si utiles, que j'espère que les gens du métier, comme les autres, m'en sçauront quelque gré après les avoir lues.

Les alliés ouvrirent la campagne avec un appareil de guerre tout à fait extraordinaire : cela étoit fort prudent : on ne va pas fort loin sur le chemin d'une capitale, quelque applani qu'il puisse être, si les préparatifs ne sont conformes à la grandeur de l'entreprise. Après la prise du Quesnoy, ils investirent Landrecy (ils n'avoient que ce pas à faire pour pénétrer la France), qui étoit une affaire de peu de jours avec des forces si formidables. Les gens éclairés croyoient même cette bicoque plus bicoque qu'elle n'étoit en effet, en faisant abstraction de ses remparts & de ses ouvrages.

Un dessein aussi grand que celui qu'ils avoient demandoit des mesures, des précautions prises de loin, & une extrême défiance contre les entreprises hardies. D'un autre côté, notre général sentoit bien que l'extrême prudence, si à la mode dans nos armées en ce temps-là par les infortunes précédentes, étoit dangereuse dans la situation où il se trouvoit, & qu'un coup de nécessité pouvoit seul le tirer d'intrigue : mais les ennemis l'en dispensèrent pour avoir négligé cette maxime : que la prévoyance contre les accidens, qui se présentent naturellement à l'esprit, est le fondement des grandes entreprises. Villars profite de cette négligence, il pense à leur couper les vivres. L'idée de cette entreprise ne pouvoit venir que d'un homme de beaucoup d'esprit, d'un grand sens, & qui ajoutoit à tout cela une grande connoissance du pays. Cet homme, muni d'une si grande pensée, ouvre cet avis à la cour, & le fortifie de tous les raisonnemens les plus propres pour en faire sentir l'importance & la nécessité. La cour l'approuve, & le maréchal de Villars l'embrasse. Il étoit trop habile pour le rejetter. Le projet étoit grand, & l'exécution délicate, sujette à bien des obstacles & à de fâcheux inconvéniens. Le maréchal les surmonte tous par son adresse & par des mesures si secrettes, si rusées, si fines, si justes, & si bien concertées, que c'est un sujet d'admiration & un fonds inépuisable d'instructions pour les gens de guerre.

Les généraux ennemis ne se doutèrent jamais de ce qu'on leur préparoit. Ils avoient établi leurs magasins à Marchiennes, environ à neuf lieues de leur siège. Les Romains firent une grande faute pour s'en être éloignés de cinq ; mais, comme nous devons les regarder comme nos maîtres, il faut que nos fautes soient toujours plus grandes

de

de la moitié. Auroit-il plus coûté aux alliés de transporter au Quesnoy ce qu'ils avoient à Marchiennes ? & le prince Eugène n'avoit-il pas raison de le vouloir, & de presser les députés des états de se déterminer là-dessus ? Cet avis leur parut trop précautionné, & ne sentoit pas assez le mépris de nos forces.

On se contente d'une ligne de communication de Marchiennes à Denain ; on la fortifie avec beaucoup de négligence, & en embrassant pour cela plus de terrein qu'il n'en eût fallu pour une armée de vingt mille hommes. On jette dans ce poste important un corps de dix-huit à vingt bataillons, quelques escadrons, & un général d'une très-petite considération en matière de guerre. Cette ligne (2) de Marchiennes à Denain (3), & de-là vers leur armée, fut baptisée du nom de *grand chemin de Paris* (4). Villars, qui voit tant de négligence & de sécurité dans ces gens-là, coupe ce chemin avec son épée, comme un nœud gordien. Il fait un mouvement par sa gauche, en donnant jalousie par sa droite, avec tant de bonheur, d'intelligence, de secret & d'adresse pour cacher & escamoter sa marche, qu'il arrive sur l'Escaut, le passe sur un pont avec encore plus de bonheur, & enveloppe Denain. Après quelque incertitude de ce qu'il feroit par rapport à ses forces, qui n'étoient pas toutes arrivées, le maréchal de Montesquiou ayant remarqué la foiblesse des retranchemens des ennemis (5) d'entre les deux lignes (2), & je ne sçais quoi d'agité & de flottant dans leur contenance, le détermine à expédier promptement cette affaire. En effet, le temps pressoit. Montesquiou avoit rangé quarante bataillons, non sur plusieurs lignes, selon la méthode ordinaire, lorsqu'on ne peut combattre sur un grand front, mais à la queue les uns des autres, à peu près en colomnes, s'ils n'eussent été sur quatre de profondeur, & trop éloignés les uns des autres pour avoir le poids & la force de mes colomnes, telles qu'on les voit en (6). Quoi qu'il en soit, ce maréchal ayant reçu ses ordres, se met à la tête de l'infanterie, marche droit aux retranchemens, les attaque d'insulte, & les emporte sans presque aucune perte : les ennemis en foule cherchent leur retraite par leur pont qui se rompt, & tout ce qui reste en deçà est culbuté & précipité dans la rivière. Par cette action, le chemin de Paris s'évanouit à la manière des éclairs qui éblouissent & se dissipent d'abord. Le prince Eugène, qui étoit accouru au secours de ce poste à l'instant de la déroute, éprouva la vérité de cet aphorisme d'Euripide. » Les dieux, » dit-il, se jouent de la prévoyance des hommes, » & trompent également leurs espérances & leurs » craintes. Ils coupent court aux événemens que » tout le monde attendoit, ouvrent des passages » & des chemins inconnus, & font réussir des » desseins en apparence impossibles.

Mais, dira quelqu'un de ceux qui se sont trouvés à cette grande action, vous donnez un ordre d'attaque, à l'égard de l'infanterie, qui ne ressemble en rien à celui sur lequel le maréchal de Villars combattit. Je répondrai à cela que ce n'a jamais été mon dessein de donner cette disposition d'attaque, que nous reconnoissons pour très-défectueuse, mais une toute différente & selon le systême que nous nous sommes formé.

De toutes les dispositions, celles qui regardent l'insulte des postes ou des camps retranchés doivent être unies, serrées & en masse, c'est-à-dire, par colomnes à certaines distances les unes des autres; sur une très-grande profondeur & peu de front: car, dans les cas où il s'agit d'un coup de main, ce seroit une très-grande sottise d'y user sa poudre ; en tirant, on n'avance pas. Il en est des insultes des camps comme des surprises, où tout consiste dans l'action & dans l'impétuosité de l'attaque. Je forme mes colomnes de deux bataillons chacune, ou de deux sections, chaque section de vingt-six à trente files, ou de vingt-quatre, si ces corps ne passent pas cinq cent hommes : les compagnies de grenadiers (7) dans les espaces d'entre les colomnes; pour nettoyer le parapet par un feu continuel, pour occuper l'ennemi sur tout le front de l'attaque, & empêcher que ceux qui se trouvent opposés aux colomnes ne puissent être secourus par les autres qui ont les compagnies de grenadiers en tête ; car, quand même l'ennemi feroit en état de se dégarnir en ces endroits pour courir à leur aide, ce feroit inutilement contre le poids, la force & l'impétuosité de mes colomnes, contre lesquelles des bataillons, rangés selon la coutume ordinaire, ne sçauroient tenir un instant sans être rompus & mis en désordre. Il suffit qu'une colomne perce en un endroit, pour donner passage à celles qu'il a à ses flancs, qui ne sont pas moins redoutables que la tête : cela se sent assez sans avoir besoin d'autre explication que le plan que j'en donne ; car ces grenadiers, introduits entre les espaces de mes colomnes, ne sont pas tant destinés pour la manœuvre dont j'ai parlé plus haut, que pour monter sur le retranchement, élargir les endroits par où les colomnes auroient pénétré, les rendre plus praticables, & donner passage à la cavalerie (8) qui les soutient. Car il suffit qu'une seule colomne ait percé dans le camp, pour être maître du terrein & du parapet à droite & à gauche, où l'ennemi ne sçauroit tenir, ayant tout le feu de cette colomne à ses flancs ; ce qui facilite le passage des autres. Ces colomnes agissent avec d'autant plus de violence & d'impétuosité, que cette violence leur est toute naturelle, outre qu'elles sont soutenues de la cavalerie : & cet appui réciproque des deux armes relève le courage & l'espérance de toutes les deux ; car, pendant que l'une ouvre les bataillons qui osent lui résister, supposé qu'on puisse le croire possible, la cavalerie les dissipe, épaulée des compagnies de grenadiers qui combattent avec elle.

Si le général d'Albemarle avoit été plus habile qu'il ne le parut dans cette action célèbre, qui changea toute la face des affaires de l'Europe, ou que les troupes des alliés eussent fait voir dans cette affaire que la cause de nos infortunes précédentes venoit bien moins de nos fautes que de la grandeur de leur courage & de l'habileté de leurs chefs; si, dis-je, ces troupes eussent marqué un peu plus de vigueur, & Milord un peu plus de conduite dans sa défense, le prince Eugène, qui accouroit à son secours avec une incroyable diligence, arrivoit à temps, & je ne sçais ce qui en seroit arrivé. Mais il étoit moralement impossible, quand même ceux de Denain auroient été en plus grand nombre, qu'ils fissent ferme contre des corps disposés selon ma méthode : au lieu qu'en observant celle qui nous est ordinaire, & en combattant par-tout sur un front égal, l'égalité se trouve par-tout, & la fortune en décide ; car ce qui remporte la victoire, supposant une égale valeur dans les troupes, est l'excellence de l'ordre dans le combat sur celui de l'ennemi : dans ces cas, l'habileté supplée toujours au nombre, & ce nombre ne fait rien contre une intelligence plus grande.

ARMÉE EN BATAILLE SUR TROIS CORPS.

Qu'une armée en bataille dans un pays de plaines, rangée selon la méthode ordinaire, extraordinairement supérieure, ne sçauroit résister contre le petit nombre qui l'attaquera sur trois corps composés & ordonnés selon la méthode de l'auteur. Grands éloges de la capacité de Sertorius, qui a été du même sentiment que l'auteur sur ce sujet.

Les plus grands capitaines anciens & modernes n'ont jamais compté sur le nombre de leurs ennemis, ni demandé combien ils étoient, mais où ils étoient, pour marcher à eux & les combattre. Bien des raisons leur faisoient prendre ce parti, entr'autres la valeur de leurs troupes & la confiance qu'ils avoient en elles, leur grande habileté dans l'art de se ranger, la sçavante distribution de chaque arme, & leurs divers ordres de bataille, toujours plus rusés & toujours différens de celui de leurs ennemis : car tout dépend de cette différence pour être assuré de vaincre, & sur-tout lorsqu'on est le plus foible, & qu'on a en tête une armée qui n'est pas moins aguerrie & moins bien disciplinée. Il est donc besoin de ruser du moins dans la façon de combattre.

Je parle ici de deux armées qui se trouveroient

à peu près dans le même cas que celles des Etoliens & des Illyriens, l'une plus forte en cavalerie & en infanterie, & l'autre bien foible dans l'une & dans l'autre. A l'égard de celle-ci, il y a trois choses à observer pour espérer de réussir, le secret & la diligence dans la marche, si l'on sçait que l'ennemi sortira de ses lignes ; c'est ce que nous supposons ici. D'ailleurs, la surprise est toujours sûre, parce qu'il est rare qu'un grande armée, supérieure à tout & maîtresse de la campagne, soit beaucoup sur ses gardes, par l'opinion de ses forces, & par celle où elle est de l'extraordinaire foiblesse de l'ennemi. C'est dans ces occasions que l'audace & la témérité apparente surmontent & applanissent tous les obstacles du nombre & des lieux. Mais comme il est à craindre qu'il ne s'en trouve beaucoup plus de ceux qui verront clair que des autres, il faut choisir la nuit pour ces sortes d'entreprises, & mesurer si bien son temps, qu'on puisse arriver, se ranger, & attaquer du moins une petite heure avant le jour. Voici donc l'ordre sur lequel je voudrois combattre, supposant mon armée de vingt-trois bataillons & de vingt-deux escadrons, contre un autre de deux tiers plus forte, rangée selon la méthode ordinaire, la cavalerie sur les aîles (2) (3), & l'infanterie (4) au centre avec une réserve (5). Je marche à elle sur trois corps (6) (7) (8) : il n'y auroit pas moyen de tenir, si je me rangeois dans un ordre tout semblable à mon ennemi, puisque chaque arme ne se soutient pas réciproquement, au lieu que la cavalerie devroit servir de soutien à l'autre ; ce qui ne sçauroit arriver, si la cavalerie est sur les aîles, & l'infanterie au centre : méthode aussi peu sensée qu'elle est contraire aux règles de la guerre. Cette méthode subsiste cependant, & fait tranquillement son chemin, quoiqu'une infinité de grands capitaines s'en soient souvent éloignés.

Je dispose donc mes trois corps, l'un (7) pour donner au centre (4), afin de le séparer de ses aîles, & ceux de la droite (8) (6), destinés pour tomber sur les aîles (8) donnant en partie sur la cavalerie (3); & l'autre attaquera la droite (9) de l'infanterie, tous les trois en même temps. Je me range, comme l'on peut voir dans la figure, pour faire un plus grand effort, & présenter partout une force & une puissance égales. Je couvre les escadrons (10) des deux colomnes (11) & (12) de trois sections chacune, la colomne (13) entre la cavalerie entrelassée de compagnies de grenadiers (14) ; je fais soutenir cette première ligne d'une seconde (15) de deux ou trois escadrons, & d'une réserve (16) entre les intervalles de mes corps, pour les accidens inopinés.

Voilà l'ordre sur lequel je voudrois combattre. Il n'est pas possible qu'une armée, quelque supérieure qu'on veuille la supposer, disposée selon la manière ordinaire, les bataillons sur quatre de hauteur ; il n'eſt pas poſſible, dis-je, qu'elle puiſſe jamais réſiſter au choc de ces trois corps, lorſqu'elle ſe trouve ouverte à ſon centre & à ſes aîles en même temps. Si l'on m'objecte que les bataillons qui reſteront en entier ſe replieront ſur les flancs de chacun de mes corps ; je répondrai qu'ils reboucheront contre mes colomnes, & ne feront rien ; outre qu'il ne s'agit pas ſeulement de percer, mais de ſe replier enſuite ſur les flancs à droite & à gauche. Je demande ſi ces bataillons feront bien en état de faire mouvement : tout ce qu'ils peuvent faire, ſi la tête ne tourne pas à ceux qui les commandent, c'eſt de faire une converſion pour s'empêcher d'être pris en flanc : mais je demande ſi cette manœuvre eſt bien aiſée contre des corps qui ſe meuvent d'une légèreté ſurprenante, & qui tournent ſubitement ſur les flancs des corps qui reſtent en entier après avoir percé ; je demande même ſi ces converſions ſont bien aiſées, & exemptes de flottement, avec des bataillons minces, & par conſéquent ſur un très-grand front.

Un général vigilant & entendu, qui ſe trouve avoir en tête un ennemi ſans ceſſe en action, & dont on craint l'audace & l'habileté, doit toujours craindre de l'avoir ſur les bras, lorſqu'il y penſe le moins : on doit toujours être en perpétuelle défiance contre un général habile & entreprenant, qui ſe trouve à la tête d'une petite armée accoutumée aux occaſions, & toute remplie d'eſtime & de confiance pour celui qui la commande, qui ne la trompe jamais, qui l'aguerrit aux entreprises les plus extraordinaires ; & qui, par sa conduite & son intelligence, réussit en tout ce qu'il entreprend, quelque insurmontable que la chose paroisse aux esprits communs & à la valeur la plus épurée. Tel fut Sertorius, un des plus grands capitaines de l'antiquité, s'il n'est peut-être au-dessus de tous, par sa façon de faire la guerre qu'on ne sçauroit trop admirer, par la vivacité de son esprit fertile en inventions pour se tirer de l'embarras où la foiblesse de ses troupes le précipitoit quelquefois, par ses talens extraordinaires dans l'art des surprises d'armées, & dans toutes les parties des armes qu'il possédoit au degré le plus éminent.

BATAILLE DE CASSANO.

Réflexions sur la conduite des Généraux.

LORSQUE le duc de Vendôme parut en Italie, la fortune nous fut favorable. Le prince Eugène auroit fort souhaité d'avoir tout autre général en tête. Il changea un peu dans sa façon de faire la guerre ; il devint moins audacieux & plus circonspect. La guerre de Piémont étant déclarée, le duc de Vendôme y passa, & le Grand-prieur de France son frère alla commander en Lombardie.

Le Grand-prieur ne manquoit pas de courage, il en avoit même beaucoup ; &, quant à l'expérience, il en avoit plus qu'aucun de ses officiers généraux. Mais ce beaucoup en tout étoit étouffé par un défaut très-essentiel, parmi quelques autres, & qui n'est pas excusable dans un homme de guerre : il le poussa même aux dernières bornes. C'étoit justement celui qu'un fameux capitaine (*) mettoit au nombre des plus grands. *Un général d'armée*, disoit-il, *doit être un homme de toutes les heures, & ne dormir que le moins qu'il peut.* Revenons à Cassano.

Le prince Eugène ouvrit la campagne le 30 de mai 1705, par l'insulte de la cassine de Moscolini ou la Bouline, que le Grand-prieur avoit fait occuper, & qui n'étoit éloignée que cinq ou six cent

(*) Le prince Maurice d'Orange.

pas de sa droite. Il y marcha en personne avec un grand corps de grenadiers, & un autre de cavalerie qui les soutenoit. Le prince de Wirtemberg fut chargé de cette entreprise; mais elle n'eut pas tout le succès qu'il en attendoit. Il y fit assommer une infinité de braves gens. Il la força à la fin après un combat qui dura depuis dix heures du soir jusqu'au crépuscule du jour; mais il ne la prit pas. Il se rendit maître de la basse-cour & d'un colombier avec beaucoup de perte. Il trouva, dans un poulailler & dans un cellier, des gens si peu d'humeur à céder, & si résolus, qu'il y perdit son escrime. Mais comme les événemens les plus fâcheux irritoient bien plus ce grand capitaine qu'ils ne l'abattoient, il regarda cette disgrace comme un non avenu : c'est ce que doit faire tout chef de guerre qui s'est acquis l'estime & la confiance de ses troupes. Elles s'accoutument par-là à se mettre au-dessus des disgraces les plus accablantes.

Après une action si brillante, où les ennemis perdirent beaucoup de soldats d'élite, le Grand-prieur, qui eût dû se tenir alerte sur les desseins du prince Eugène, continua toujours dans son train de vie ordinaire : il s'endormit très-profondément; pendant que son ennemi actif & vigilant, dormant peu & pensant beaucoup, se sert de l'avantage de la nuit, décampe, nous dérobe une marche pleine & entière, puisqu'il étoit plus de deux heures de jour que nous n'avions nulles nouvelles de ce mouvement. Nous décampâmes, & nous forçâmes de marche. Le prince Eugène revira fur nous dans le deffein d'engager une affaire ; mais, s'étant ravifé fur la bonté de notre pofte (*), il ne jugea pas à propos d'y ufer fes troupes, & tira droit à l'Oglio, qu'il paffa à la faveur de fon canon. Nous avions fix bataillons dans Palazzuolo. Celui qui y commandoit (**) ne jugeant pas le pofte tenable, ni le Grand-prieur difpofé à le fecourir fans courre les rifques d'une bataille rangée, Toralba ayant pris trop tard fon parti pour fa retraite, fut fuivi d'un corps de Pruffiens qui le joignirent, l'attaquèrent, le battirent, & lui-même fut fait prifonnier : la plus grande partie de fes troupes fe fauva par différentes routes.

Le Grand-prieur, apprenant toutes ces nouvelles, ne fe crut plus affuré dans fon camp de Soncino. Il y avoit un affez bon château, où il jetta du monde ; & décampant enfuite, paffa le canal Palavicino pour marcher à Ombriano, pofte inacceffible, mais qui ne couvroit pas le Crémonois, comme Saint-Fremont l'avoit prétendu. Il étoit aifé de reconnoître, du train dont le prince Eugène s'y prenoit, qu'il iroit bientôt à fon but. Enfin, il en fit tant, que le Grand-prieur fut hors de mefure.

(*) Manerbia.

(**) M. de Toralba, lieutenant-général Efpagnol.

Le duc de Vendôme, averti des manœuvres du Grand-prieur, quitta son armée de Piémont, qui assiégeoit alors Chivas, & la laissant sous les ordres du duc de la Feuillade, court en hâte à son frère campé à Ombriano. Sa diligence fut extrême, tant il étoit inquiet des démarches du Grand-prieur; qui se trouvoit d'autant plus embarrassé, qu'il n'avoit presque aucun officier général en qui il pût se confier. Deux des principaux concouroient même à sa perte & à sa honte, par des conseils bien différens de ceux qu'ils auroient dû lui donner, sous je ne sçais quelles apparences chimériques de commandement de l'armée, dont quelqu'un leurroit chacun en particulier, s'ils pouvoient faire en sorte d'engager le Grand-prieur dans quelque pas dangereux, d'où il ne se pût tirer, & qui pût fournir matière à le rappeller.

Celui-ci ne s'attendoit pas à la venue du duc de Vendôme son frère, ni même quelques-uns des généraux. Certain officier lui écrivit, comme il en avoit reçu ordre, de venir à nous sans perdre aucun temps: car il jugea le Grand-prieur perdu dès ses premières démarches. Il fit si bien connoître à M. de Vendôme le piège où son frère alloit donner, qu'il partit sur le champ, avec ordre à M. d'Albergotti de prendre dix bataillons & autant d'escadrons qu'il tira du siège, & de venir le joindre. D'Albergotti sentit bien la conséquence de cet ordre; il marcha avec une si incroyable diligence, qu'on fut étonné d'apprendre qu'il n'étoit qu'à une marche de nous.

La présence de M. de Vendôme ranima cette armée abattue, & rabattit un peu des espérances des ennemis : mais, comme ils avoient fait un nombre de pas qui pouvoient avoir des suites fâcheuses pour nous, & qu'il falloit aller au-devant des autres qui pouvoient naître des premières, cela inquiétoit beaucoup le duc de Vendôme, lorsque le corps que commandoit M. d'Albergotti arriva fort à propos. Après cette jonction, nous décampâmes d'Ombriano pour nous approcher du prince Eugène, qui sentit, par ce mouvement hardi, qu'il avoit un tout autre homme en tête que le Grand-prieur. Nous campâmes à Casal-Morano, qui couvroit la gauche, Sorezino à notre droite, que l'on prit pour quartier général : de sorte que les armées étoient en présence. Les ennemis nous avoient déjà prévenus aux Quatorze navilles, c'est-à-dire quatorze canaux à vingt ou trente pas les uns des autres, poste d'une extrême importance. M. de Vendôme y marcha en personne avec tous ses grenadiers & des troupes détachées, & les fit attaquer tout à la chaude. On força les ponts les uns après les autres ; mais on trouva un peu plus de résistance aux derniers. Les soldats de la queue voyant qu'on n'attaquoit que par une tête, & s'ennuyant de leur inaction, perdirent patience ; ils se jettent à l'eau à droite & à gauche le long des bords, pendant qu'on étoit à forcer les ponts, quoiqu'ils eussent de l'eau par-dessus les épaules en quelques endroits. Les ennemis étonnés de cette boutade, se voyant au moment d'être pris à dos, & coupés dans leur retraite, à laquelle ils songeoient déjà, abandonnèrent ce poste sans presque aucune résistance.

Les deux armées étoient campées fort près l'une de l'autre, comme je l'ai dit. Nous crûmes quelque temps qu'il y auroit une action; mais il n'y eut qu'une marche de nuit que l'ennemi nous déroba fort finement & fort habilement; ce qui étonna fort M. de Vendôme. Je ne sçais si le Grand-prieur en fut fort fâché, je pense que non: de sorte qu'à cet égard là, les deux frères n'eurent rien à se reprocher, & chacun pouvoit rétorquer sur l'autre. Le sujet de cette marche étoit le passage de l'Adda, qui ouvroit le Milanois à l'armée Impériale, & le passage dans le Piémont, où elle vouloit aller secourir le duc de Savoie qui menaçoit ruine.

Il falloit user d'une extrême diligence, pour se porter promptement sur cette rivière. Le prince Eugène s'y transporta, en deux marches forcées, dans un endroit si favorable pour la construction de son pont, qu'il ne crut pas que le marquis de Broglio, qui étoit de l'autre côté avec un ou deux bataillons & quelque cavalerie, osât jamais lui disputer le passage. Il avoit peu de monde; &, quand il en auroit eu suffisamment, la partie n'étoit pas égale.

M. de Vendôme n'apprit ce déménagement de l'armée Impériale qu'au grand jour: ce n'est pas qu'il qu'il n'eût donné de bons ordres pour être averti ; mais ils furent si mal observés, que celui qui en fut chargé oublia qu'il dût les exécuter lui-même, & le lieu par où l'ennemi pouvoit passer, & se coucha tranquillement, tant le narcotique étoit à la mode dans cette armée.

M. de Vendôme ne perd pas un moment à cette nouvelle; il décampe pour marcher au vieux camp d'Ombriano, & de-là à Cassano, pour se mettre à portée de l'ennemi : c'est un village de l'autre côté de l'Adda, où nous avions un pont de batteaux, dont le prince de Vaudemont avoit fait retrancher la tête à l'ouverture de la campagne, par un ouvrage fort considérable, capable de contenir sept à huit cent hommes de défense. Un habile ingénieur Italien, nommé Massoni, l'avoit construit, & il fut très-blâmé de ce prince de l'avoir fait si grand : comme si la tête d'un pont se fortifioit autrement que par de grands ouvrages. On verra bientôt qu'il ne pouvoit rien faire de plus sage, de plus salutaire & de plus conforme aux règles de la guerre. Le marquis de Broglio, en passant ce pont, y trouva fort à redire ; &, n'ayant heureusement pas eu le temps de le ruiner, en fit faire un autre dans l'intérieur en forme de demi-lune, qui ne servit qu'à nous embarrasser.

Nous campâmes dans le bassin que forment l'Adda & le Ritorto. Comme nous n'avions aucun temps à perdre pour défendre le passage de cette rivière,

BIBLIOTHÈQUE NATIONALE R.F. IMPRIMÉS

M. de Vendôme étoit parti un jour auparavant avec quinze bataillons & quelque cavalerie, qu'il tira de son armée, avec ordre au Grand-prieur de décamper le lendemain, & de marcher au pont de Cassano pour s'approcher plus près de l'ennemi, & d'attendre ses ordres dans ce camp-là, pendant qu'il accourroit au secours du marquis de Broglio, qui étoit à Paradiso, maison de campagne qui appartient aux Jésuites de Bergame, qui est sur le haut Adda, un peu en deçà de cette rivière, vis-à-vis laquelle les ennemis avoient commencé de jetter leur pont.

Ce détachement, animé par la présence de son général, pressa tellement sa marche, qu'il joignit le même jour le corps que commandoit le marquis de Broglio, qui se trouvoit dans l'état du monde le plus fâcheux, une armée en tête, rien à lui opposer; & cette armée se trouvoit postée d'une manière si avantageuse, qu'il est rare de rencontrer des postes semblables dans un passage de rivière. Jamais terrein ne fut mieux choisi. C'étoit une hauteur assez considérable, qui s'élevoit le long des bords de la rivière, & qui, s'abaissant peu à peu des deux côtés, alloit se perdre assez loin, laissant pourtant un espace entre deux, pour le passage des troupes pour aller au pont. Cette hauteur commandoit sur toute la plaine.

Le prince Eugène, profitant en grand maître de cette situation, y fit dresser plusieurs batteries, & tirer des épaulemens parallèles les uns sur les autres, qu'il garnit d'un feu prodigieux d'infanterie.

C'eût été une imprudence d'approcher des bords de la rivière pour empêcher l'établissement de leur pont : ç'auroit été exposer les troupes à un danger manifeste contre un feu si supérieur & si bien établi, & contre lequel il étoit impossible de se couvrir, & de s'empêcher d'être vu d'enhaut de la tête aux pieds. Le duc de Vendôme songe à s'en éloigner, & à laisser la plaine, c'est-à-dire, un espace assez considérable entre la rivière & le terrein qu'il avoit choisi. Mais comme il avoit un coup-d'œil admirable, il sçut se servir habilement de tous les avantages qu'il pouvoit en tirer : c'étoit un endroit couvert de haies, de taillis, & d'arbres touffus, & de mille autres chicanes dont on sçait profiter dans l'occasion. Il y ajouta encore tous les obstacles de l'art, de sorte que nos retranchemens formoient comme un arc, dont la rivière faisoit la corde.

Pendant ce temps-là les ennemis jettent leur pont : mais comme l'Adda roule ses eaux d'une rapidité extraordinaire, qui tient beaucoup du torrent, on perdit beaucoup de temps à le dresser, soit que la légèreté des pontons en fût cause, soit que ce fût l'impétuosité du courant, qui empêchoit la liaison des poutrelles. Mais ce qui contribua le plus à faire échouer cette entreprise, ce fut le retardement des pontons. Le prince Eugène le dit lui-même. Je tiens ceci d'un officier général de grand mérite & très-entendu. Je vais rapporter ses propres paroles, pour faire voir combien il importe de faire marcher les pontons à la tête de tout lorsqu'il s'agit du passage d'une rivière. » Ce prince avoit sur nous » une grande marche sur l'Adda, dit-il; & il a pré- » tendu que, si les pontons étoient arrivés à l'heure » qu'ils devoient s'y rendre, le passage se seroit fait » comme celui de l'Oglio, sans obstacle; mais quel- » ques chariots rompirent en chemin.

Le prince Eugène ayant enfin établi son pont, il y fit passer quelque deux cent grenadiers. Mais il s'apperçut bientôt que le débouché de son pont dans la plaine n'étoit pas la chose du monde la plus aisée; qu'il seroit attaqué infailliblement après qu'un certain nombre de ses troupes seroit passé; & que, quand même l'ennemi ne prendroit pas ce parti-là, il lui étoit impossible de se former dans la plaine, que nous avions environnée d'un retranchement courbe, ou en forme de croissant, dont les deux pointes alloient aboutir des deux côtés à la rivière; que tout cela étoit garni d'un feu prodigieux d'infanterie, & de plusieurs batteries; qu'en s'engageant dans ce coupe-gorge, où il falloit se former, il se voyoit battu de tous côtés. Il envisage avec chagrin tout le péril où il alloit s'engager; il vit la perte de son armée, s'il passoit par-dessus de si affreuses difficultés. S'il étoit battu dans un endroit si resserré, sa retraite étoit la chose du monde la plus chimérique: une rivière à dos, un pont où quatre hommes pouvoient à peine passer de front, & une rivière d'un cours de torrent & fort profonde, outre la hauteur de ses rives; tout cela lui passa par la tête, qu'il avoit si bonne & si sage. Abandonner cette entreprise, sans rien tenter de nouveau, & sans la faire suivre d'une autre plus éclatante qui pût lui faire oublier la honte de la premiere, sa réputation en étoit flétrie. Fâché d'être venu recevoir cette espèce d'affront de si près, il cherche tous les moyens possibles de se tirer de ce mauvais pas avec quelque honneur. L'occasion s'en présenta bien vîte. On vint lui dire que le Grand-prieur s'étoit campé dans le bassin de Cassano entre l'Adda, où nous avions notre pont & le canal ou naville du Ritorto, qui dérive de cette rivière, & qui se rejette dans la même rivière, où il y avoit un autre petit naville qui sortoit du premier, & qui va du côté de Rivolté.

Tout ce terrein, entre le Ritorto & l'Adda, embrasse un fort petit espace. Ce qu'il y avoit de fâcheux, c'est que les bords du canal que nous bordions étoient contre nous, fort élevés & bordés de haies, de grands arbres, & de taillis. C'est dans un poste si désavantageux où le Grand-prieur s'étoit campé. Nous avions le canal en face & la rivière à dos, & Cassano, qui est au-delà du pont, pour quartier-général.

Le prince Eugène, qui vit son passage de l'Adda réduit à l'absurde, ravi de trouver une si belle occasion, que M. de Colménero lui offroit secrettement,

& de tirer profit de l'inutilité de ses démarches, se servant de l'avantage de la nuit, plie secrettement son pont, décampe à la sourdine, & tire droit au Grand-prieur, dans le dessein de le combattre dans un endroit si avantageux pour lui, & si peu soutenable pour nous, & nous dérobe encore cette marche.

Le duc de Vendôme, surpris de ces marches si souvent soufflées, & son armée diminuée d'un tiers par les troupes qu'il en avoit tirées, ne pouvoit digérer son chagrin : il se hâte de gagner le pont de Cassano, de le passer, & de se joindre à son frère, à qui il avoit écrit de marcher à Rivolta, où il le croyoit déjà. Il ne doutoit point que les ennemis n'eussent tiré de ce côté-là. En effet, s'ils se fussent emparés de ce camp, ils nous eussent jetté dans un défilé très-dangereux : rien ne leur étoit plus aisé que d'entrer dans le Crémonois, & de nous couper toute communication avec Crémone & Mantoue, où nous avions tous nos magasins. Mais ce n'étoit pas là leur véritable dessein, ce n'étoit que leur pis-aller. Le Grand-prieur le prévit mieux que son frère, & soupçonna même que celui-ci étoit conseillé par quelque traître, comme je le dirai bientôt. Le prince Eugène avoit des vues plus grandes & plus profondes, qui le conduisoient plus sûrement & par des moyens plus courts & plus faciles à la conquête du Milanois, où il avoit de grandes intelligences que certain traître lui avoit ménagées, & le mettoient du moins en état de traverser tout le pays pour passer en Piémont au secours du duc de Savoye : ce qui changeoit entièrement la face des affaires, & nous réduisoit à ne sçavoir plus où donner de la tête.

Tout le succès dépendoit du passage de l'Adda. Cette entreprise venoit d'échouer du côté de Paradiso, comme je viens de le dire; mais il n'y avoit rien encore de désespéré. Les ennemis n'ignoroient rien de tout ce qui se passoit dans notre armée ; ils perçoient dans le plus secret de nos affaires, non seulement en Italie, mais plus encore en Flandre, l'argent d'Angleterre ayant presque tout corrompu. Ils ne trouvèrent jamais tant de ressources que dans cette campagne-là. En effet, nos affaires étoient en tel état par les démarches du général de l'Empereur, & par la conduite du Grand-prieur, qu'il falloit ou abandonner le Mantouan & le Crémonois pour sauver le Milanois, ou abandonner celui-ci pour garantir l'autre ; il falloit opter. Il est certain que nous prenions le dernier parti sans le sçavoir & sans le prévoir, par l'adresse de Colménéro, lieutenant-général Espagnol, qui avoit des intelligences criminelles avec l'ennemi.

Cet homme s'étant acquis la confiance & l'amitié du prince de Vaudémont, qui l'avoit comblé de biens & d'honneurs, s'étoit tellement ensuite insinué dans l'esprit de M. de Vendôme, que ce prince ne lui cachoit rien de ses desseins ; & comme il lui voyoit une grande intelligence du pays, rarement rejettoit-il ses conseils, tant il sçavoit les appuyer de raisons spécieuses, & faisoit paroître de zèle à lui découvrir les desseins de ses ennemis; car il faisoit même passer ses espions à l'armée Impériale au vu & au sçu de M. de Vendôme. Les plus fins s'y fussent laissés prendre. Aussi ce général donna-t-il dans ses pièges comme les autres.

Colménero, qui avoit dessein d'écarter le Grand-prieur de notre pont de Cassano, comme il est à présumer qu'il l'avoit promis au prince Eugène, dit à M. de Vendôme, au camp de Paradiso (je tiens ceci de ce prince lui-même) qu'il étoit très-bien informé que les ennemis tiroient du côté du Crémonois; que le pont abandonné & plié, & la marche de toute une nuit, étoit le véritable sujet de leur marche pour nous prévenir au poste important de Rivolta; que la conquête du Crémonois & du Mantouan le touchoit bien plus que le salut du duc de Savoye, qui servoit de prétexte à un si grand dessein; que le meilleur parti qu'il avoit à prendre dans une telle conjoncture, étoit d'y marcher incessamment, & d'envoyer des ordres plus précis au Grand-prieur de laisser là son pont de Cassano, & de courir à Rivolta; que cela lui suffisoit, sans se trop presser de le joindre avec ce qu'il avoit de troupes, de peur qu'en se hâtant trop il ne dégarnît l'Adda; de peur encore que les ennemis ne revirassent, par une contremarche, sur l'Adda, s'ils la sçavoient abandonnée, ayant laiſſé leurs ancres & leurs cordages dans la rivière pour refaire leur pont plus promptement; que, s'il prenoit le parti qu'il lui propoſoit, il pouvoit ſe promettre un heureux ſuccès de réduire, par cette conduite, les ennemis à paſſer la campagne de camp en camp, & ſans rien faire.

M. de Vendôme eut le malheur de ſe rendre en partie aux perfides conſeils de cet homme, qui faillit à le précipiter dans le piège du monde le plus dangereux. Il reſta pourtant ſuſpendu entre ce conſeil & ſur ce qu'on lui avoit mandé des deſſeins de la cour de Vienne, qui avoit extrêmement à cœur le ſecours du duc de Savoye; ce qui le détermina à faire une marche forcée, malgré les raiſons de l'Eſpagnol. Il ne laiſſa pas pourtant d'ordonner au Grand-prieur ſon frère de marcher, ſans délai ni excuſe, au camp de Rivolta, & d'occuper ce poſte, de crainte que l'ennemi ne l'y prévînt: ordre donné contre toutes les règles de la prudence; car, avant que de donner cet ordre, il falloit auparavant démêler les mouvemens de l'ennemi.

Le duc de Vendôme ſe trouvoit extrêmement combattu entre ces raiſons & celles qui lui paſſoient par la tête; ce qui le rendoit inquiet & fort indéterminé dans le parti qu'il avoit à prendre. Il ne voyoit qu'embarras & que doutes dans les deſſeins de l'ennemi. Le Grand-prieur étoit ſi peu de l'avis de Colménero, qu'il fallut des ordres réitérés pour l'obliger à décamper de Caſſano. Il ſe met en marche, mais si tard & si pesamment, qu'une partie des troupes de son arrière-garde n'étoit pas encore hors du camp à onze heures du matin; mais la tête étoit arrivée à Rivolta, parce qu'il la fit presser, ayant envie de s'y reposer & d'éviter les grandes chaleurs. Il est certain que, si le Grand-prieur fût parti au premier ordre qu'il reçut du duc de Vendôme son frère, cette marche auroit été le dernier coup de notre perte.

Je ne sçais pas d'où vint l'avis; mais il courut un bruit sourd dans l'armée, dès le matin du 16 d'août, que les ennemis étoient en pleine marche, & qu'ils tiroient droit à notre pont; car à peine le sçavoit-on peut-être à Paradiso. Je dis à trois ou quatre de nos généraux, qui assuroient, que les ennemis venoient d'échouer au passage de l'Adda, que, s'ils venoient à nous pour nous combattre dans ce beau poste, ils auroient bon nez, & que sûrement nous ne nous en tirerions pas sans y laisser bien des chapeaux, & peut-être notre honneur: je dis ceci, parce qu'il court un bruit parmi nos soldats qu'ils ont décampé de leur camp de Pembrato dès l'entrée de la nuit. MM. les marquis de Prâlin & de Vaudrai étoient du nombre. *Quoi! vous donnez dans cette sottise?* me dit ce dernier. Elle ne l'est pas peut-être tant que vous diriez bien, lui répondis-je; & je vous déclare que, si j'étois à la place du général de l'Empereur, & que je fusse aussi bien assuré de notre situation que je le suis, & que vous l'êtes, j'aimerois mieux mille fois ne point passer l'Adda, & vous battre ici avec le soin que nous avons pris pour nous empêcher de l'être : après cela, je verrois de l'urine de tous tant que vous êtes, & la mine que vous feriez. Ils se prirent tous à rire. » Allez éveiller le » Grand-prieur qui dort comme une marmotte, » pour lui apprendre cette nouvelle, me dit un au- » tre ; & vous en serez reçu comme un de la com- » pagnie qui a voulu tenter cette aventure, & ce- » pendant vous ne lui diriez rien que de fort sen- » sé : les précautions ne gâtent rien jamais, & il est » toujours bon de prévenir les événemens, quelque » imaginaires qu'ils puissent être : ce que vous dites » peut arriver, mais ne l'attendez pas pour cette » fois-ci,

Puisque vous ne rejettez pas les précautions, lui dis-je, je vous prie d'agréer que je fasse un pont sur le Ritorto. Il y en a un de pierre à notre gauche, mais ce n'est pas celui qu'il nous faut : il me paroît nécessaire d'en établir un au-dessous de la Pandine, qui est dérivée du Ritorto, & qui laisse un espace de plus de cent cinquante pas entre l'Adda & elle. Nous sommes entassés les uns sur les autres dans un bassin fort resserré ; Si nous étions attaqués, nous serions perdus ; les bords du Ritorto étant contre nous, un pont large de cent pieds nous donne une communication sûre en nous étendant sur la Pandine, qui forme un angle avec le Ritorto ; l'ennemi se trouveroit vu de flanc & de revers de ce côté-là, outre que ce poste nous assure le chemin de Rivolta, puisque cette rivière y va tout droit. Messieurs de Prâlin & de Vaudrai furent de mon avis, mais les autres y furent contraires. Comme le bruit augmentoit toujours que l'ennemi marchoit, & qu'il tiroit droit de notre côté, je courus au Grand-prieur, qui ne faisoit que de s'éveiller. Il se moqua de moi, & ne se fâcha point; mais il me permit de retrancher les trois quarts de la largeur de mon pont, à quoi je travaillai sur le champ; & ce pont nous fut d'un usage infini, quoiqu'il ne fût pas achevé. Je n'eus pas le temps de mettre de la terre sur les fascines; aussi fut-il baptisé sous le nom de pont de fascines.

Le Grand-prieur avoit marché à Rivolta, comme je l'ai dit, après l'établissement du pont de fascines sur lequel il avoit passé. Mais comme on ne se pressa pas beaucoup, l'arrière-garde passoit à peine le pont, que M. de Vendôme arriva; ce qui fit notre salut. Quelques bataillons mêmes, entr'autres Médoc, Querci, Grancei, & autres dont j'ai oublié les noms, qui s'étoient allongés sur le chemin de Rivolta à la suite des brigades de notre cavalerie, rebrousserent sans aucun ordre, sur l'avis que les ennemis paroissent, & que la tête des troupes de Paradiso commençoit à passer sur notre pont de l'Adda.

Le colonel du régiment de la vieille Marine, aujourd'hui lieutenant-général, officier de valeur, &

distingué par son application & son mérite à la guerre, occupoit, avec huit compagnies de grenadiers, deux cassines qui étoient fort près de l'autre côté du pont de pierre, & qui n'étoient point retranchées. Du haut de ces cassines, on pouvoit voir tous les mouvemens des ennemis. Il ne douta point qu'ils ne marchassent à nous. Comme ces cassines n'étoient point tenables, il songea à faire rompre le pont qui étoit de pierre, & d'en faire autant à une écluse qui étoit au-dessus, & qui eût rendu le Ritorto tout-à-fait impraticable; mais ce fut inutilement: il falloit un temps considérable, & ce temps lui manquoit, les ennemis se trouvant si près, que nos gens, qui tiroient des fenêtres, leur tuèrent & blessèrent bien du monde.

Le prince Eugène regarda ces cassines comme un objet digne de considération, par les manœuvres dignes de cet officier, qui sembloit affecter de cacher son monde pour amuser l'ennemi, qui s'imagina que ces tirailleurs n'étoient pas là sans être bien soutenus; ce qui lui fit perdre plus de trois heures de temps, qu'il auroit pu mieux employer, & nous donner celui de nous reconnoître & de prendre quelques mesures.

Sur ces entrefaites, les quinze bataillons arrivent de Paradiso. M. de Vendôme, voyant la foule des équipages qui passoient dessus le pont pour gagner Cassano, que chacun tâchoit de sauver, & prévoyant ce qui alloit arriver, ordonna qu'on jettât ces équipages dans la rivière, pour laisser le passage libre aux troupes qui venoient de Paradiso. Il doutoit encore de la marche des ennemis sur nous, ne sçachant rien encore de ce qui se passoit au poste des deux cassines d'au-delà du pont, où celui qui y commandoit étoit toujours resté ; & la plupart ignoroient son arrivée. Ce fut donc à ce pont de l'Adda que M. de Vendôme apprit que les ennemis paroissoient, & que ce n'étoit point au poste de Rivolta qu'ils en vouloient. Il pouvoit alors mander au Grand-prieur son frère de se rabattre sur Cassano avec ce qu'il avoit de troupes, ou de se tenir à portée de tomber sur la gauche de l'armée Impériale, & de l'envelopper tout entièrement : il n'y pensa pas, ou il ne le jugea pas à propos ; &, lorsque l'affaire fut embarquée, il n'étoit plus temps. La raison de cela est qu'il avoit encore la tête remplie des sophismes de Colménero, dont il ne pouvoit se délivrer, quoiqu'il fût informé à chaque instant que l'ennemi venoit fondre sur nous.

Je n'étois pas alors auprès du duc de Vendôme : j'étois après à chercher mon équipage, qu'on me disoit avoir été pris des ennemis, mes valets ayant fait fausse route ; & il le fut en effet. C'est en courant après que je tombai sur la marche des ennemis en face d'une grosse colomne d'infanterie fort serrée, & dans un grand ordre. J'en apperçus une autre à deux cent pas au-delà sur la même ligne : & tout cela s'approchoit d'un mouvement lent & grave sur le

Ritorto. A cette vue, je tourne bride, & je galope à M. de Vendôme, que je sçavois occupé à faire passer les troupes de Paradiso. Ce prince s'entretenoit alors avec un lieutenant-colonel Suisse, qui avoit déserté de l'armée du prince Eugène, depuis quelques mois, pour entrer dans le service de France, avec des avantages qu'on n'accorde guère qu'à des rendus du premier mérite. Cet homme l'assuroit, d'un ton de connoisseur, qu'il avoit longtemps examiné les mouvemens des ennemis ; & que, bien loin de venir à nous, ils prenoient un chemin tout contraire, qu'ils sembloient dresser leur marche du côté de Rivolta, & qu'ils étoient à une bonne lieue de nous ; & cependant ils n'en étoient qu'à deux pas.

La hardiesse de ce personnage me surprit. Je pris la liberté de dire à M. de Vendôme qu'il prît bien garde d'ajouter foi à cette nouvelle ; qu'il y alloit du salut de toute l'armée ; que cet homme n'avoit rien vu ni rien observé. Il fut fort étonné de m'entendre, il voulut répliquer : je lui dis qu'on verroit bientôt s'il avoit raison, & là-dessus j'appris mon aventure à M. de Vendôme.

Ce prince, toujours flottant, reste suspendu entre cet homme qui lui mentoit, & moi qui lui disois vrai. Mais le Grand-prieur, qui s'entêtoit aisément de certaines gens, & le plus souvent à l'avantage de ceux qui avoient le moins de mérite, lorsque presque tous ses amis l'avoient quitté ; le Grand-

Prieur, dis-je, l'avoit si fort prévenu en faveur de cet officier, qu'il le regardoit comme un oracle; quoique dans le fond ce ne fût qu'une balourde. Pendant cette dispute, qui me faisoit enrager, vu l'importance de la chose, un officier, envoyé du poste des deux cassines, nous réunit tous à la vérité, & indigna tout le monde contre ce Suisse, qui n'avoit bougé du quartier-général. Il rapporta à M. de Vendôme que les ennemis venoient droit à nous dans un très-grand ordre; qu'il paroissoit une tête à deux cent pas des cassines; & qu'infailliblement nous les aurions sur les bras dans moins de demi-heure; que les huit compagnies de grenadiers se disposoient à passer en deçà du pont de pierre, n'étant pas en état de tenir un instant contre une tête d'armée.

M. de Vendôme, encore fort combattu, voulut s'éclaircir par lui-même de la vérité de ce rapport, & courut au pont. Il fut suivi de M. de Chémerault, du chevalier de Fourbin, de Saint-Fremont, d'Albergotti & de quelques autres. Il arrive au poste du colonel de la vieille Marine: quelle fut, bon Dieu! sa surprise, lorsqu'il vit l'ennemi qui disposoit ses attaques, & un nuage de poussière qui embrassoit tout le Ritorto qu'on approchoit. J'étois à côté de lui; il me regarda d'un air chagrin. Vous aviez raison, me fit-il l'honneur de me dire: le mal n'est pas grand, & mes troupes de Paradiso passent le pont. Il ordonne qu'on fasse avancer ce qui étoit déjà en deçà;

deçà; leur fait border le Ritorto sur une seule ligne A, n'en ayant pas davantage à opposer; laisse celui qui commandoit les huit compagnies de grenadiers pour faire tête au pont. Il fit mettre pied à terre à ce qu'il avoit de dragons, qui s'alignèrent avec les corps d'infanterie, s'étendant le long du naville jusqu'à une écluse B, n'ayant pas assez de troupes pour étendre sa gauche jusqu'à son embouchure: au lieu que les ennemis étendirent leur droite jusqu'à cet endroit: de sorte que nous leur prêtions le flanc, le naville formant un coude de ce côté-là, & l'Adda que nous avions à dos en formant un autre. Nous nous trouvions enfermés de toutes parts; ce qui n'étoit pas un si grand mal, si les bords du Ritorto du côté de l'ennemi n'eussent été contre nous.

Notre droite alloit tomber au pont de fascines C, ou, pour mieux dire, le centre de cette petite armée, qui se replioit au-delà du pont, bordant le petit canal de la Pandine D, jusqu'à une cassine F, en deçà du canal, où Médoc s'étoit appuyé, qui étoit du nombre des corps qui avoient fait une contre-marche, sur ce qu'ils apprirent que les ennemis paroissoient. Les quatre brigades de la tête, qui s'étoient allongées du côté de Rivolta, n'ignoroient pas cette nouvelle; mais, bien loin de s'avancer vers Cassano, elles firent halte, & restèrent sur leur terrein, sans imiter les bataillons qui étoient à leur queue. Aussi ne leur en sçut-on pas beaucoup de gré; mais cette inaction ne laissa pas de tenir en plus grand respect la gauche de l'armée Impériale, qui pouvoit pourtant tirer un grand avantage d'une manœuvre qui ne sçauroit guère se justifier.

Les deux brigades, qui étoient à la suite des quatre premières, rebroussèrent dès que ceux qui les commandoient s'apperçurent que les régimens de Médoc & de Querci ne les suivoient pas ; & comme elles apprirent que M. de Vendôme alloit être attaqué, outre qu'ils voyoient l'ennemi qui se formoit le long du ruisseau, & que le bruit du canon & le feu de l'infanterie commençoit de se faire entendre derrière eux, elles coururent du côté d'où le bruit venoit. M. de Cadrieu étoit à la tête de l'une, & M. du Bourg, Irlandois, commandoit l'autre : ils firent même avertir les officiers des autres brigades. Mais, comme ils ne vouloient pas marcher sans ordre, ces brigades n'eurent aucune part au combat, non plus que la cavalerie, & ce qui avoit marché à Rivolta avec le Grand-prieur. Ces deux dernières brigades nous furent d'un très-grand secours par l'habileté & le courage de leurs chefs. Nous avions quelque cavalerie en seconde ligne qui n'eut aucune part au combat, ni par conséquent à la gloire qu'il lui étoit libre de partager avec l'infanterie. Voilà notre disposition.

Les ennemis, s'étant approchés du pont, se saisirent des deux cassines qui étoient au-delà, & que nous avions abandonnées, s'étendant le long du Ritorto ; & leur infanterie, s'en étant approchée à couvert de grands arbres qui en déroboient la vue, se trouva tout d'un coup postée derrière ses bords, couverts de haies épaisses & de taillis ; au lieu que ceux de notre côté étoient ras & dominés extrêmement.

La difficulté étoit de passer le pont, auquel le colonel de la vieille Marine faisoit tête avec ses grenadiers. Le prince Eugène le fit reconnoître de fort près à la faveur des haies ; mais comme on en avoit fait sauter quelques pierres, le colonel de la vieille Marine, qui n'avoit pas eu le temps de le faire abattre, avoit fait jetter des branches d'arbres dessus pour servir d'amusette. C'étoit un aide-de-camp qui reconnut ce pont. Comme il n'avoit pas les meilleurs yeux du monde, il dit au prince Eugène qu'il étoit rompu, & qu'on avoit jetté des branches d'arbres dessus, qu'il prit pour un de ces pièges où il n'est permis qu'aux bêtes de donner. Le général de l'Empereur en jugea tout autrement. La chose lui parut si importante, qu'il s'approcha du pont pour le reconnoître, & pour voir à l'œil quel conseil il devoit prendre s'il étoit rompu : mais, s'étant apperçu qu'il ne l'étoit pas, comme ces branches d'arbres sembloient le faire accroire, il se dispose à forcer le pont, pendant qu'on faisoit un feu prodigieux de part & d'autre, le Ritorto entre deux, & dont nous nous trouvâmes accablés par la négligence de nos généraux, qui ne pensèrent guère à se précautionner. Du moins auroient-ils dû faire raser les haies,

& les taillis de l'autre côté du canal, & les peler de telle ſorte, que les ennemis y fuſſent vus tout à découvert ; mais ils furent ſi peu d'humeur à le faire, que l'on fut trop heureux d'établir le pont de faſcines.

A la faveur d'un feu ſi dominant, & ſi avantageuſement établi à la droite & à la gauche de notre pont, où nous perdions une infinité de monde, ſans preſque voir qui nous tiroit, les ennemis attaquent notre pont en colomne, ne pouvant faire autrement, & culbutent les grenadiers par le poids de leur nombre, & malgré eux, par les rangs de derrière, qui s'entrepouſſoient & s'animoient réciproquement. Un choc ſi violent & ſi ſupérieur n'étoit pas ſoutenable. Le colonel de la vieille Marine fut emporté avec ce qui lui reſtoit de ſon monde : voilà les ennemis dans la plaine.

Les Impériaux ne profitent pas longtemps de cet avantage. Ce qui reſtoit des quinze bataillons qui venoient de Paradiſo n'étoit pas tout paſſé en deçà du pont de l'Adda, lorſque le feu ſe trouva tout établi ſur le Ritorto. Les ennemis commençoient à ſe former à la tête de l'ouvrage qui le couvroit, lorſque ces bataillons & les grenadiers qui s'étoient ralliés, s'avancent en bon ordre vers le Ritorto, & fondent avec cette incroyable impétuoſité ſi naturelle à la nation, les mettent dans le déſordre le plus affreux, les font ſauter hors de la plaine, font repaſſer le pont aux uns, pouſſent les autres dans la rivière, & laiſſent ſur le carreau tout ce qui oſa leur faire tête. Nous nous vîmes enfin les maîtres du terrein & du pont perdu.

Toute l'eſpérance des ennemis conſiſtoit dans l'avantage qu'ils avoient en leur feu ſur le bord du Ritorto. Il redoubla avec tant de fureur, & fut ſi vif & ſi violent, qu'il ne s'eſt jamais rien vu de pareil, le canal étant ſi étroit qu'il n'y avoit pas un coup de perdu. Ce meurtre dura près d'une heure. Le prince Eugène, voyant qu'il n'avançoit point, ordonne à M. de Linange de finir cette ſorte de combat, incapable de décider de toute la journée : le feu ceſſe tout d'un coup, les ennemis paroiſſent alors hors des brouſſailles du côté du pont de faſcines, où les bataillons ſe trouvoient plus clair-ſemés, & ſe jettent bravement à l'eau aſſez étourdiment pour des Allemands, ſans penſer qu'ils avoient leurs fourniments & leurs cartouches à conſerver. On les chauffa ſi vivement, qu'on leur tua une infinité de monde ; comme ſi, leur poudre étant mouillée, il ne leur fût plus rien reſté pour ſe défendre, quoiqu'ils euſſent leurs baïonettes au bout du fuſil.

Pour revenir au prince Eugène, il ordonne en même temps une ſemblable manœuvre à ſa droite, au-deſſus & entre l'écluſe & le pont. Tandis qu'il ſe prépare à une ſeconde attaque, au pont même d'où il venoit d'être chaſſé, les deux attaques de droite & de gauche facilitèrent celles du pont de pierre; les dragons de notre gauche ne soutinrent pas longtemps, le régiment jaune de Caylus ayant lâché les premiers le pied, & donné l'exemple aux autres. Le pont ne tint plus après ce malheur; il fallut l'abandonner au dernier effort du prince Eugène, qui conduisoit cette attaque. Toute son infanterie du centre passe dessus avec une rapidité extraordinaire; elle ne laisse rien devant elle qui pût lui résister.

Le duc de Vendôme, qui voit son infanterie ouverte & percée en trois endroits, ne s'étonne pas. Il retourne promptement son armée du côté du pont de l'Adda, à l'ouvrage duquel il appuie à la hâte la gauche de son infanterie G, la cavalerie H soutenant en seconde ligne seulement pour la mine. Cependant les ennemis passoient le pont, & couloient tout devant eux à travers de la plaine jusques sur les bords de l'Adda, où il y avoit une cassine I, dont ils se saisirent: les troupes des autres attaques se joignant à celles du pont s'alignèrent avec elles, & se formèrent dans l'ordre K, pour recommencer un nouveau combat, à quoi nous nous préparâmes de notre côté.

Tous ces mouvemens se firent avec une vîtesse surprenante, quoique tout l'ordre des deux armées fût renversé. Les ennemis portèrent leur gauche à l'Adda, un peu en deçà du château de Cassano, & leur centre au pont du Ritorto, qui les séparoit du reste de leur armée, qui s'étendoit au-delà par un repli pour faire front à notre droite, qui s'étendoit le long de la Pandine, ruisseau de rien. Cet événement ne changea pas moins dans notre disposition, comme je l'ai déjà dit; mais il ne changea rien dans celles de notre droite, où le Prince ne s'étoit point porté, ni aucun des généraux.

Le duc de Vendôme jugea bien que cette première action n'étoit qu'un prélude, & qu'il s'en préparoit une autre qui décideroit. Il y eut pourtant une infinité de gens de tués, & plus de notre coté que de celui des ennemis, qui auront bientôt leur tour. Le comte de Linange fut tué à son attaque en deçà du Ritorto. C'étoit un officier de mérite, qui a été regretté également dans les deux partis. De notre côté, messieurs de Prâlin & de Vaudrai, lieutenans-généraux, y furent blessés à mort. M. de Moriat, maréchal des logis de l'armée, resta sur la place, ainsi que le chevalier de Fourbin & de la Hélinière brigadier, M. de Mirabeau dangereusement blessé, & le marquis de Guerchois, colonel de la vieille Marine, blessé de trois coups de sabre sur la tête, pris prisonnier, & si bien accompagné à coups de bourrade, qu'il se vit couvert de contusions.

Le Prince Eugène s'étant rangé dans l'ordre dont je viens de parler, entre l'Adda & le Ritorto, on ne fut pas longtemps sans rentrer dans une seconde action. Les deux armées s'étant approchées presque à la longueur de six halebardes, il s'engagea une affaire d'infanterie entre l'Adda & le Ritorto, la plus furieuse qu'on vît jamais. Le prince Eugène en vouloit sur-tout au pont, unique sujet de sa marche rapide & nocturne, plutôt que celui d'une bataille, à laquelle il ne se fût jamais attendu. Il ne songeoit donc qu'à se rendre maître de l'ouvrage du pont par les troupes de sa droite ; & c'eût été un grand coup, s'il eût réussi. Il les fait avancer ; mais il trouva, lorsqu'il l'eût approché de près, des obstacles insurmontables, outre que les avenues se trouvèrent embarrassées d'équipages culbutés & entassés les uns sur les autres. La raison de cela fut que, chacun cherchant à les faire passer en de-là du pont pour les sauver à l'arrivée de l'ennemi, & cela empêchant les troupes qui venoient de Paradiso d'entrer dans le bassin par le pont, on empêcha qu'ils ne passassent : on les pilla même ; & tout ce qu'on ne pouvoit emporter, coffres & paniers, restèrent là entassés les uns sur les autres. Le désordre fut grand dans cet endroit-là, & l'insulte de l'ouvrage alla à rien. Soutenu de toute une gauche qui y étoit appuyée, comment pouvoit-il être attaqué ? outre qu'il s'y trouvoit des troupes au-delà de ce qu'il en falloit pour le défendre, bien des gens s'y étant retirés croyant l'affaire désespérée.

Cependant le combat continuoit sur tout le front du bassin, que nous occupions depuis le pont jusqu'à celui des fascines, c'est-à-dire, de l'Adda jusqu'au Ritorto, sans pouvoir même prendre aucun terrein en arrière, ayant encore la rivière à dos, qui faisoit un coude en cet endroit. Les ennemis avoient l'avantage du nombre, soutenu du courage & de la bonne conduite de leur général. Mais il ne put longtemps les animer de sa présence & de sa bonne grace dans les plus grands périls; il fut blessé d'un coup de feu qui l'obligea de se retirer pour se faire panser, & de laisser le reste de la fusée à démêler à un autre, lorsqu'il étoit besoin de toute l'adresse & de l'expérience d'un grand capitaine pour en voir le bout.

Nous n'étions pas gens à céder à nos ennemis en valeur & en audace, ni en bonne conduite. Notre général n'étoit pas moins grand capitaine. Nous suppléâmes à notre foiblesse par la nécessité de vaincre. Nous soutînmes assez longtemps tout le front de l'ennemi; car c'étoit dans ce bassin & vers le pont de fascines que se faisoit le plus grand effort: mais comme les régimens ne sont pas tous d'une égale valeur, le centre & une partie de la gauche sembla perdre de son terrein, & flotter beaucoup en arrière. Il y eut même assez de désordre pour déconcerter tout autre homme que M. de Vendôme, qui s'exposoit comme eût pu faire un aventurier dont la vie est sans conséquence. Il eut plusieurs officiers tués auprès de lui, plusieurs aussi de ses domestiques. Il reçut même un coup dans sa botte sans être blessé. D'Argenson, un de ſes aides-de-camp, officier de valeur & de mérite, eut le bras caſſé auprès de lui : Cotron, ſon capitaine des gardes, homme de fortune, & qui lui étoit fort attaché, fut bleſſé d'un coup de feu au travers du corps, s'étant trouvé heureuſement devant lui, lorſqu'il le reçut ; mais ce ne fut jamais à deſſein de lui parer le coup, comme on a voulu le faire accroire : ces ſortes d'actions n'arrivent que dans les combats de main, & les deux armées ne prirent jamais ce parti, dont j'ai de quoi m'étonner beaucoup : car, ſi nous l'euſſions pris, nous euſſions beaucoup moins perdu de monde, & aucun de cette armée ne nous eût échappé. Reprenons notre ſujet.

Les dragons Eſpagnols, auxquels on avoit fait mettre pied à terre, comme aux nôtres, qui donnèrent tant de marques de leur valeur, ſe firent remarquer par leurs habits jaunes. La peur leur fit oublier qu'ils avoient une rivière à dos très-rapide & très-profonde, ce qui rendoit la retraite preſque impoſſible : le plus grand nombre ſe jette dedans pour ſe ſauver à la nâge ; mais la plupart périrent dans les eaux. Il s'en trouva bien d'autres qu'eux qui prirent la même réſolution : tant il vrai que l'eſprit, une fois troublé par la frayeur, croit que le péril qu'il fuit eſt toujours plus grand que celui où il ſe précipite. Les braves aiment mieux ſe faire tuer avec honneur, que de riſquer avec honte un ſalut plus incertain que celui qu'on peut ſe procurer par la valeur.

Les ennemis, comme j'ai dit, firent plier quelques régimens ; mais ceux qui eurent affaire à celui de la vieille Marine ne le connoissoient pas. Ils trouvèrent à qui parler ; ils furent attaqués eux-mêmes, repoussés vertement avec grand meurtre : régiment digne des plus grands éloges, que M. de Vendôme regardoit comme la dixième légion de son armée, & qui s'est toujours conservé dans cette réputation de valeur, par le bon esprit qui règne parmi les officiers de ce corps, & dont les soldats sont tous remplis.

La brigade, qui avoit plié à la gauche de celle-ci, s'étant remise de son désordre par l'audace de l'autre, qui lui en avoit fourni le moyen, le combat recommença, & s'échauffa de telle sorte, que nous reconnûmes bientôt que les ennemis manquoient plus de tête que de courage, la plupart de leurs officiers généraux se trouvant blessés & les autres tués.

Cette résistance, à quoi l'ennemi ne s'attendoit pas dans une si petite armée, lui apprit à quelles gens il avoit affaire, & ce qui lui seroit arrivé si le Grand-prieur eût donné le moindre signe de vie, & si les quatre brigades, qui s'étoit allongées le long de la Pandine, bien loin de notre droite, avoient imité les deux autres. Voilà une partie des choses qui se passèrent dans le bassin ; venons à la droite. J'en puis parler avec connoissance, & en homme qui voit au poste où il se trouve, & qui ne néglige pas de jetter les yeux sur les autres. Il ne falloit pas les avoir bien perçans pour découvrir le front d'un terrein d'une si petite étendue.

Les affaires étoient en ces termes entre l'Adda & le Ritorto, lorsque les ennemis s'ébranlèrent à leur gauche du côté de la Pandine, pour tomber en même temps sur notre droite, & nous occuper par-tout. Nous avions le ruisseau devant nous, ou, pour mieux dire, un filet d'eau & des endroits fourrés & plats du côté de l'ennemi, qui s'avança jusques sur le bord sans tirer un coup, c'est-à-dire, à deux longueurs de halebarde de nous. Le combat s'engagea sur tout le front par un très-grand feu, sans que les ennemis osassent passer, comme ils avoient fait au Ritorto. Mais, comme ce tiraillement ne convient pas à la nation Françoise, le régiment de Querci, où j'étois alors capitaine, & ensuite celui de Médoc, qui étoit à notre droite, s'impatientant de se voir tirés de si près & si long-temps, passent le naville la baïonnette au bout du fusil. Cette résolution, qui venoit du soldat même, nous fit connoître ce qu'Homère disoit des Grecs, *qu'il n'est pas permis de les combattre de loin, & qui peut les aborder en a bientôt raison.* Car, bien loin de nous recevoir avec la même grace que nous allions à eux, ils ne nous attendirent pas : doit-on attendre autre chose, lorsqu'on prend ce parti? Nous les délogeâmes des endroits fourrés qu'ils occupoient sur le bord du naville. Médoc à notre droite, & Angoumois à notre gauche, passèrent en même temps avec le même avantage. Il n'en fut pas ainsi de quelques régimens qui faisoient le centre de cette aîle, entr'autres Grancei : les ennemis percèrent en cet endroit-là, & s'avancèrent jusqu'à une batterie de trois pièces, dont ils furent les maîtres un instant. Ce mouvement rétrograde, qui nous partageoit à notre centre, eût causé notre perte, si ce régiment ne se fût aussitôt rallié par la valeur des officiers : il revint à l'ennemi, qu'il ramena aussi vîte qu'il étoit passé ; il regagna son premier terrein, & s'y maintint bravement : de sorte que cet avantage de l'ennemi s'évanouit.

Les Impériaux, après un feu des plus violens, s'éloignèrent peu à peu de nous sans cesser de nous tirer, ni nous de leur répondre. On peut bien juger que toutes ces charges ne se firent pas sans qu'il en coûtât beaucoup de monde des deux côtés. De toutes les actions où je me suis trouvé, je n'en ai guère vu où la perte des officiers ait été plus grande, à proportion du petit nombre de nos troupes. On aura un peu de peine à comprendre que ceux qui étoient à la tête de la cavalerie, ne se soient pas avisés de donner non seulement de notre côté, mais encore de celui de l'ennemi. Il ne s'est peut-être jamais rencontré d'occasion plus favorable. Je laisse à juger si ceux qui sont si fort portés pour le grand nombre de cavalerie dans les armées ont raison.

Les ennemis ne firent rien davantage à leur gauche ; je ne sçaurois trop m'en étonner. J'avois déjà été blessé d'un coup de feu au commencement du combat, qui m'avoit emporté un doigt de la main, lorsque j'en reçus un autre qui me la fracassa entièrement. Je me trouvai hors de combat par cette seconde blessure, mais dans un temps où les ennemis sembloient être fort éloignés de recommencer un nouveau combat. Il n'y avoit pas fort loin de-là à notre gauche. Jamais champ de bataille ne fut plus court, & le terrein plus cher & mieux disputé. Je me retirai du côté de l'ouvrage du pont le long de la rivière ; mais, à peine en fus-je approché, que je sentis qu'il ne faisoit pas bon en cet endroit-là, pour avoir trop pris sur la droite : il y avoit trente heures que je n'avois mangé, & je me sentois défaillir. Je m'avançai vers le grand ouvrage qui couvroit notre pont, où notre gauche étoit appuyée, auprès duquel & tout autour il avoit été tué une infinité de mulets & de chevaux d'équipage, comme je l'ai déjà dit, qui n'avoient pu passer pour gagner l'autre côté de la rivière, & qui étoient amoncelés les uns sur les autres péle-méle avec les bagages & des corps morts en très-grand nombre, derrière lesquels je trouvai de nos gens qui s'y étoient remparés, & d'où ils faisoient un très-grand feu. L'ennemi n'étoit qu'à deux pas : tout me parut dans un assez grand désordre. Je reconnus d'abord M. de Saint-Pater, qui étoit à pied, & qui tâchoit de rallier ce qui sembloit pencher à la fuite, lorsque je trouvai un passage pour entrer dans l'ouvrage, où je restai, ne pouvant passer sur le pont à cause du grand feu des ennemis qui tiroient de ce côté-là. Mon plus grand mal étoit au côté, où j'avois reçu une grande contusion : de sorte que, ne pouvant demeurer assis, je montai sur la banquette, où je remarquai que nos drapeaux sembloient s'unir, s'approcher & se confondre les uns les autres en certains endroits. M. de Vendôme, qui se portoit par-tout, sentit bien que les affaires prenoient une mauvaise tournure. Je le crus d'autant mieux, que je vis deux ou trois de nos généraux dans le grand ouvrage, les autres ayant été tués ou blessés, & le reste étoit encore à charger, & à animer les troupes. Les deux qui se distinguèrent le plus, de l'aveu de toute l'armée, furent messieurs d'Albergotti & de Saint-Pater : tous les deux chargèrent plusieurs fois à la tête de l'infanterie avec un courage extraordinaire, & ne désespérèrent jamais. M. le duc de Vendôme me fit l'honneur de me dire quelques mois après qu'il douta quelque temps du succès, voyant que son infanterie s'affoiblissoit extrêmement. « Je la trouvai, dit-il, dans cette espèce de désordre & d'abbattement que produisent plusieurs attaques qui redoublent plutôt qu'elles ne finissent; & je ne trouvois point de remède à cela, n'espérant aucun secours de mon frère ». Mais je crois qu'il n'en eût pas eu grand besoin, si l'on eût ordonné aux soldats de joindre ces messieurs-là la baïonnette au bout du fusil; le seul moyen efficace d'en avoir raison.

Malgré les pertes que nous faisions de tant de braves gens de toute espèce, la présence de M. de Vendome, qui étoit adoré des troupes, leur en faisoit oublier le péril, qu'il partageoit avec eux. Mais comme les soldats sont dans les armées comme les oiseaux dans les volières, comme je l'ai dit je pense ailleurs, où il y en a qui chantent & d'autres qui ne chantent pas, il s'en trouva un grand nombre qui se précautionnèrent pour mettre ordre à leur personne, & qui passoient le pont en foule par le revers de l'ouvrage du côté de l'eau. M. de Vendôme, dont l'esprit, l'habileté & le coup-d'œil étoient au souverain dégré, & lui faisoient trouver des ressources où les autres n'en voyoient aucune, tira son salut de la lâcheté de ces fuyards qui passoient le pont. Il entre dans l'ouvrage avec un air gai, comme s'il avoit reçu une bonne nouvelle. Je pris la liberté de lui dire que j'appercevois quelques gens qui tiroient des fenêtres du château qui voyoit l'ennemi de flanc, de front & de revers; qu'un plus grand nombre feroit un grand bien. *Je le vois & je l'ai vu aussi*, me fit-il l'honneur de me dire, & passe le pont en même temps avec les fuyards sans leur faire aucun reproche, & les fait entrer dans le château de Cassano

Caſſano L. Ce château étoit ſur une hauteur en amphithéâtre, comme le village & les bords de la rivière. Il leur ordonne de faire un grand feu des fenêtres, & de percer des créneaux autant qu'ils pourroient. En même temps, il fait déceller le canon qui n'avoit pu paſſer, & le fait mettre aux emplacemens les plus favorables. Tous ces ordres furent donnés en un inſtant; &, en un inſtant, il repaſſe le pont, où il rencontre La Marguerine, officier de mérite, capitaine dans la Vieille-Marine, qui venoit d'être bleſſé, qui lui apprend que tout alloit bien vers le centre. Cette nouvelle, jointe à ce que je lui avois rapporté de notre droite, lui fit prendre de nouvelles eſpérances : mais le feu du château, qui commença alors, le mit en état de reprendre l'aſcendant ſur ſon ennemi, & de voir changer la face des affaires.

Ces fuyards y étant entrés, percèrent une infinité de créneaux juſques ſur les couverts; on vit tout d'un coup le château en feu : il en partit une telle tempête de coups de fuſil, que je ne penſe pas qu'il ſe ſoit rien vu de pareil, ni un plus beau ſpectacle militaire. Cette grêle les prenoit de toutes parts, de flanc, de front & à dos. On fit jouer en même temps l'artillerie qui n'avoit pu paſſer le pont, & qui juſqu'alors nous avoit été inutile. Elle mit un très-grand déſordre dans les rangs, les prenant de toutes parts, à cauſe des différens emplacemens des batteries & de l'avantage des lieux. Elles emportoient des files entières; & d'autres, placées en oblique, faisoient encore un plus grand meurtre.

Les ennemis ne purent soutenir contre un feu si prodigieux & si continu : on s'en apperçut bien par leur contenance embarrassée. Car le général qui commandoit cette armée après la blessure du prince Eugène, voyant que ce seroit faire périr ses gens sans nécessité que de les laisser plus longtemps exposés à un feu si terrible, songea prudemment à faire retraite. Ne craignoit-il pas aussi que le Grand-prieur ne se réveillât, par un si grand bruit de guerre, de son profond assoupissement, & ne vînt tomber sur ses derrières? Cela pourroit bien être. C'est en quoi il se trompoit pourtant : car ce prince ne pensa jamais à venir à notre secours, ignorant, dit-il à son frère, à son retour de Rivolta, que les deux armées en fussent aux mains. Pour revenir à mon sujet, M. de Vendôme s'étant apperçu, aux mouvemens des ennemis, qu'ils avoient dessein de quitter partie, pensa à profiter des avantages qui pourroient accélérer leur retraite. Nos soldats comprirent assez qu'il étoit temps de les pousser, de peur qu'ils ne se ravisassent : tant ils étoient rebutés, & tant ils sentoient que la partie n'étoit pas égale. Les généraux les eurent disposés en un instant pour un dernier coup de colier, qu'ils comptoient bien qui se donneroit sans peine, vu l'étonnement des ennemis, lorfqu'on s'apperçut qu'ils fe retiroient par leur gauche, en affez bon ordre, par le pont, par l'éclufe & par différens endroits du Ritorto, non fans être chauffés vigoureufement dans ce mouvement. Le régiment de Vendôme, qui étoit le plus près de l'ouvrage du pont, & ceux qui étoient à fa droite, marchèrent à la caffine qui étoit fur le bord de l'Adda, où ils avoient laiffé deux ou trois cent hommes qui fe rendirent. Voilà la fin de cette fanglante journée. Nous fimes un pont d'or à nos ennemis avec beaucoup de prudence, ne pouvant leur en faire un de feu & de fer bien acéré, à caufe de notre foibleffe, qui ne nous permit pas de les fuivre : graces au Grand-prieur, qui ne fe remua non plus qu'un mort à Rivolta où il étoit, & aux quatre brigades d'infanterie poftées au coin de notre droite, où elles n'avoient que faire, & où ceux qui les commandoient auroient pu fe difpenfer de demeurer, & de rejetter les confeils d'un homme du mérite & de la valeur de M. de Cadrieu, aujourd'hui maréchal de camp, qui n'eut garde de les imiter, & qui vint à notre aide fans ordre, jugeant bien que nous aurions grand befoin de fon fecours & de fon expérience.

Cette fameufe bataille fe donna le 15 d'août, le jour de Notre-Dame, & dura depuis deux heures après midi jufqu'à cinq. Les fuites aboutirent à rufer tout le refte de la campagne : elle eut même fini par la ruine entière de l'armée Impériale auprès de Créme, si M. de Vendôme eût employé un tout autre officier général de son armée que M. de Saint-Fremont : car, ayant appris que le prince Eugène, qui n'avoit pu passer le Serio à Montodino, s'étoit rabattu du côté de Créme pour le traverser en cet endroit-là, nous tirâmes. Cette marche étoit importante : car, si les ennemis eussent manqué ce coup, nous les eussions réduits à ne sçavoir où donner de la tête. M. de Vendôme détacha Saint-Fremont avec un grand corps de troupes, avec ordre de s'y transporter en diligence, pendant que le gros le suivoit; mais il en fit si peu, qu'on auroit dit qu'il étoit payé pour une marche pesante : ce qui empêcha la perte entière de l'armée ennemie, que nous aurions même détruite à coups de canon presque sous les murailles de Créme.

Les ennemis laissèrent sur le champ de bataille un grand nombre de leurs morts, & quelques officiers généraux, entr'autres M. le comte de Linange, lieutenant-général. Ils ont avoué que leur perte pouvoit aller à cinq mille hommes tant tués que blessés. C'est extrémement filouter sur les morts & sur les blessés. Les Prussiens furent les plus maltraités, pour être sortis du Ritorto avec leur poudre mouillée. Notre perte alla à près de trois mille hommes étendus sur le carreau, & un assez bon nombre de capitaines & de subalternes, & de blessés. Il est étonnant qu'on eût perdu tant de monde des deux côtés en si peu de temps.

Puisque nous avons tant fait que de pousser le récit de cette journée dans toutes ses circonstances, on sera peut-être bien aise que j'entre dans quelques observations sur la conduite des deux généraux : car les fautes des grands hommes qui ont paru de nos jours, comme leurs belles actions, sont mille fois plus utiles, & font beaucoup plus d'impression que celles qu'on tire des siècles les plus reculés.

Les entreprises de grande importance méritent d'être pesées & méditées longtemps avant que d'en venir à l'exécution. Il n'y en a pas un seul qu'on puisse ignorer, du moins de ceux qu'on peut éviter par des précautions prises d'avance. Lorsqu'il s'agit de passer une rivière, où l'ennemi peut nous prévenir par une extrême diligence, quoique nous ayons une marche sur lui, les pontons doivent marcher à la tête de tout, précédés de tous les grenadiers de l'armée. C'est là le point capital dans ces sortes de desseins, lorsqu'on n'a aucun temps à perdre, & qu'on a en tête un ennemi vigilant. Le prince Eugène, pour ne l'avoir pas fait, tomba dans une faute semblable à celle du connétable de Guise lorsqu'il marcha au secours de Saint-Quentin. J'ai rapporté cet exemple dans le premier tome des *Commentaires*, page 46, où je renvoie le lecteur. Ce n'est pas là la seule des précautions que l'on doive prendre. On doit avoir toujours des haquets de rechange, ou des chariots à pontons, au cas que quelqu'un vint à se rompre; ce qui n'arrive que trop souvent. Le prince Eugène l'éprouva dans cette marche; ce qui fut l'unique raison pourquoi son entreprise échoua. Si celle de Denain n'échoua pas, cela ne prouve point que nos pontons eussent été postés où ils devoient être: c'est un bonheur attaché à la fortune du général. La négligence de celui qui commandoit à Denain, ou plutôt son peu de hardiesse qui l'empêcha de se porter sur l'Escaut, lorsqu'il y vit toutes nos troupes qui attendoient ces pontons qui venoient derrière, renversa tous les desseins des alliés contre la France: car, s'il l'eût fait, cette belle entreprise eut manqué infailliblement.

Un de nos officiers généraux du premier mérite dit, dans un précis qu'il a fait de cette bataille, que le général de l'armée Impériale avoit bien pris son temps pour venir attaquer le Grand-prieur; puisque notre armée étoit séparée, après que son passage de l'Adda se fut éclipsé. Bien des gens l'ont blâmé d'avoir plié son pont de l'Adda. Ils disent qu'il eût pu donner le change au duc de Vendôme, en le laissant tout établi avec un petit corps de troupes pour l'amuser, pendant qu'il eût tiré droit à Cassano avec toutes ses forces: alors le passage de l'Adda devenoit infaillible. Il eut passé sur notre pont même, & fut tombé sur notre arrière-garde; la tête de notre armée étant déjà arrivée à Rivolta, qui n'étoit qu'à deux lieues de-là.

Pour juger du solide de ce raisonnement, il faudroit écouter le prince Eugène. A tout hasard, nous ne mettrons pas ceci en titre de méprise : car on ne peut pas appeller méprise ce qui n'est fait que pour de bonnes raisons. Ce capitaine craignoit que le pont de Cassano ne fût rompu ou brûlé par ceux qu'on auroit laissés pour le garder, & qui n'auroient pu défendre l'ouvrage contre une tête d'armée, qui n'eût pas manqué de l'insulter tout en arrivant. Il fit donc fort prudemment de plier son pont, & de le charger sur ses haquets pour s'en servir au besoin.

Ces raisons sont fortes, ce me semble; & je doute que les critiques de ce grand capitaine y trouvent à reprendre. Mais voici une faute que ces messieurs n'ont pas remarquée; c'est une de celles qu'on peut mettre au rang des plus capitales, & qu'on ne sçauroit attribuer au prince Eugène sans injustice; mais uniquement à l'officier général qui commandoit la gauche de son armée, & qui n'exécuta pas les ordres de son général autant qu'il auroit dû faire; puisqu'il devoit voir, s'il n'avoit les yeux tout-à-fait fermés, que non seulement notre droite étoit toute en l'air, mais si foible, & lui si fort, qu'il ne lui étoit pas difficile de nous accabler du nombre de ses troupes, & de nous culbuter dans la rivière, pour peu que nous eussions perdu de notre terrein en arrière.

C'étoit contre cette droite qu'il falloit faire le

capital de cette journée, sans négliger notre gauche, pour empêcher qu'elle ne se portât au secours de la droite. Toute la valeur imaginable, toute l'adresse de M. de Vendôme, n'eût pu garantir la ruine entière de notre armée. Cette droite, foible comme elle étoit, fut tellement négligée, que tous nos officiers généraux s'étoient transportés à la gauche, où tout le sérieux de l'action sembloit avoir passé. Cette droite, encore une fois, eût-elle pu soutenir contre des forces si supérieures? Elle eut été rejettée & repliée sur sa gauche, & obligée de passer le pont de la Ritortella, du moins les troupes les plus proches; ce qui est aisé à concevoir : car la plus grande partie ne pouvoit se sauver qu'en se précipitant dans l'Adda, & les meilleurs nageurs se fussent trouvés très-embarrassés. Cependant la gauche de l'armée, qui nous débordoit de plus de la moitié de notre front, n'attaqua que comme par manière d'acquit, & si mollement que rien plus. Ce n'est pas que son feu ne fût tout aussi violent que celui de la droite; mais à quoi servoit cela? Il falloit passer le ruisseau, nous accabler du nombre de tant de bataillons & d'escadrons; & cette aîle qui nous surpassoit si fort eut dû tourner sur notre flanc. Les ennemis ignorèrent tous ces avantages. Bien loin de passer le Naville, nous le traversâmes nous-mêmes; nous les chassâmes de leur terrein, nous nous y maintînmes, sans qu'ils témoignassent la moindre envie d'y revenir.

En prenant le parti que je viens de dire, ils eussent non seulement pu nous accabler du premier coup; mais, ce qu'il y auroit eu de plus fâcheux, c'est qu'en nous rejettant derrière la Ritortella, ils se fussent trouvés sur nos derrières, pendant que leur droite nous attaquoit de front. Je laisse à penser des suites de cette affaire; elle eut été de celles qui décident de tout un pays.

Toute la faute qu'on peut reprocher au prince Eugène, ne la pourroit-on pas aussi rétorquer contre nos généraux? Pourroit-on se persuader qu'aucun n'eût pensé, ni proposé de faire passer une partie de notre canon dans l'ouvrage qui couvroit notre pont? Quel désordre n'auroit-il pas fait? Je ne sçais en vérité comment le duc a pu négliger une pareille chose, & qu'aucun n'eût réfléchi sur cette faute, même après l'événement. A cela près, on ne sçauroit lui rien reprocher davantage, pas la moindre inadvertance dans cette action: tout étoit bien dans un terrein si bizarre, & tout alla mieux pour le salut de sa petite armée lorsque les ennemis passèrent le Ritorto; car se trouvant alors obligé de retourner son armée, & de se couvrir en partie de l'Adda à sa gauche, & du Ritorto à sa droite, un peu au-dessus du pont de fascines, il se trouva où il devoit être, & communiquoit à sa droite par ce pont.

Nous terminerons ce récit par le Grand-prieur. J'ai regret de le trouver en prise & livré à la glose de toute l'armée: cela est fâcheux. Il étoit à Rivolta à deux lieues de nous. Pourquoi cette inaction, disoit-on ? Pourquoi ne marcha-t-il pas au secours de son frère ? Mais l'avertit-on ? Lui envoya-t-on quelque ordre pour le faire avancer avec ce qu'il avoit de troupes ? Il avoit sans doute beau jeu, s'il eût pris ce parti ; il ne l'a pas nié : en effet, il fut tombé dans le flanc de la gauche de l'ennemi, &, qui plus est, sur ses derrières ; il en demeura d'accord. Mais vous, monsieur, dit-il au Prince son frère, qui vous plaignez si fort de moi, & qui écouteriez mes raisons, si vous n'étiez environné de gens qui sont de mes ennemis, & encore plus des vôtres que vous ne pensez, avez-vous fait la moindre démarche pour me donner la moindre nouvelle de l'état où vous vous trouviez ? Sur quelle raison m'avez-vous envoyé à Rivolta, malgré tout ce que j'ai pu dire pour m'en défendre ? Car on ne fait pas de telles manœuvres sans être auparavant informé des véritables desseins de l'ennemi par ses mouvemens. Ne diroit-on pas que je suis un écolier, & que je sois encore aux premiers élémens de mon métier ? Je n'ai à me reprocher qu'une marche enlevée. Ceux en qui vous vous confiez ont failli à vous perdre, vous qui devriez faire à votre tête, & ne pas déférer, comme vous faites, à des gens qui en sçavent mille fois moins que vous, & dont la plupart vous trahissent. Je crois qu'il avoit un peu de raison dans ce reproche ; ce qui causa quelques aigreurs entre les deux frères, & donna moyen aux ennemis du

Grand-prieur de les brouiller davantage. Parlons franchement ; il n'étoit pas si coupable qu'on le prétendit. Cette bataille fut dépêchée en fort peu de temps, & il est certain que l'affaire tiroit à sa fin, lorsqu'il apprit la nouvelle qu'on en étoit aux mains à Cassano. Mais deux lieues sont-ce un espace assez grand pour ne rien entendre du canon & de la mousqueterie ? Tous ceux qui étoient avec lui prétendent qu'ils n'entendirent rien. Quoi qu'il en soit, ses ennemis, qui étoient ceux-là mêmes que le Grand-prieur désignoit si bien, ne manquèrent point d'augmenter la désunion entre les deux frères, & d'écrire à la cour ce qu'il leur plut. Aussi ne manqua-t-on pas de regarder par-tout le quiétisme du Grand-prieur comme une chose fort grave. Il fut même attaqué par des endroits encore plus sensibles à un prince, qui n'eut jamais rien à se reprocher du côté du courage : car il en avoit infiniment plus qu'aucun de ses ennemis, bien que la plupart n'en manquassent point.

EXPLICATION DU PLAN V.

Pour la Défense.

L'INFANTERIE (2) (3) bordera le retranchement, rangée sur une seule ligne, les bataillons au moins sur six de file, avec des réserves (4) (5) d'un bataillon chacune, rangées en colonnes.

La cavalerie (6) (7) sera rangée dans la plaine entre les deux montagnes ; &, pour avoir la communication, on dressera plusieurs ponts (8) sur la rivière qui sépare cette cavalerie. On dressera deux grosses redoutes du côté de ces ponts pour faciliter le ralliement des troupes, afin qu'elles puissent se rallier sous leur feu, au cas que l'ennemi vînt à percer dans ces endroits.

L'infanterie (9) (10) bordera la ligne, soutenue par la cavalerie de ces endroits-là comme par tout. On conservera un nombre d'arbres coupés avec toutes leurs branches, pour jetter sur les brèches, ou pour former au plutôt un second retranchement de ces arbres, au cas qu'on craignît d'être emporté au premier : méthode excellente, & à laquelle on n'avoit jamais pensé. A l'égard du canon, on le place dans les endroits les plus avantageux.

Pour l'Attaque.

L'infanterie (*a*) formera la première ligne, entremêlée des colomnes (*b*) en plus grand nombre, & plus près-à-près aux endroits (*c*) où l'on veut faire le plus grand effort.

La réserve (*e*) sera partagée en plusieurs corps, pour se transporter selon les événemens : les compagnies de grenadiers (*f*) entre les espaces d'entre les colomnes, pour leur servir comme de réserve.

Dans les attaques du côté de la plaine, la cavalerie (*g*) soutiendra l'infanterie (*h*). Les dragons (*k*) mettront pied à terre, combattront avec l'infanterie, & s'aligneront avec elle.

L'attaque des flèches avancées ou redoutes se doit faire en même temps que le combat s'engage aux retranchemens.

D'UN CAMP RETRANCHÉ SUR LA HAUTEUR.

L'AVANTAGE d'un camp retranché ſur la hauteur eſt plus imaginaire qu'il n'eſt réel. Lorſqu'on eſt poſté & retranché ſur des hauteurs d'une pente douce & facile, on ne doit pas regarder cela comme un avantage dans celui qui ſe défend, & il ne doit être d'aucune conſidération dans un général habile. Il ne l'eſt que dans l'imagination des gens de petite intelligence. Le véritable avantage eſt dans les hauteurs roides & de difficile accès. On doit monter celles-ci au petit pas, de peur qu'en allant trop vîte les troupes ne perdent les forces & l'haleine, comme cela eſt arrivé à pluſieurs généraux qui ont échoué dans leurs entrepriſes, pour avoir marché avec trop de précipitation : car alors l'ennemi ſortant tout d'un coup, frais & réſolu, de ſes retranchemens, s'il eſt capable de profiter d'une manœuvre ſi étourdie, il eſt en état de les défaire ſans peine.

Celui qui attaque l'ennemi retranché ſur des hauteurs, & qui marche à lui d'un pas grave & en bon ordre, eſt beaucoup moins expoſé aux coups d'en haut qu'un autre qui agiroit dans la plaine. La raiſon en eſt évidente : c'eſt que le ſoldat qui tire derrière un parapet ſe voit obligé de s'élever beaucoup, & de montrer tout ſon corps ; &, comme il s'en trouve peu qui osent le faire, de crainte de servir de but à ceux d'en-bas, ils tirent en l'air, ou plongent trop. Il est aisé de voir par-là qu'ils ne sçauroient guère incommoder que le premier rang. Le feu de bas en haut, c'est-à-dire de celui qui monte la hauteur escarpée ou roide, n'est pourtant pas moins faux que l'autre ; il est même moindre, n'y ayant que le premier rang qui puisse tirer ; en un mot, c'est fort peu de chose. Il y en a pourtant qui croient qu'on doit abandonner toute entreprise, lorsque l'ennemi se trouve posté sur un tel terrein qu'il nous voit à plomb de la tête aux pieds, & qu'il nous découvre de toutes parts, sur quelque profondeur que nous puissions être, & où aucun de nos mouvemens ne sçauroit jamais être caché en plein jour.

Je réponds à cela, que la hauteur n'est favorable que dans un cas bien différent de celui dont il est question ici, c'est-à-dire, lorsque l'on combat sans aucun retranchement, & qu'on attend l'ennemi sur le haut ou à mi-côté, pour fondre sur lui de haut & l'accabler par la pesanteur du choc, que la pente favorise, & qui augmente selon qu'elle est plus ou moins roide. Mais cet avantage ne regarde que l'infanterie, tout le contraire se rencontrant à l'égard de la cavalerie : car, si celle-ci peut monter sans peine, l'autre ne sçauroit descendre ni attaquer sans beaucoup de désavantage, puisque personne n'ignore que les chevaux ont plus de force en montant qu'en descendant. J'ai cru devoir soudre cette difficulté, qui m'a paru considérable; & faire voir en même temps qu'il est beaucoup plus avantageux à la cavalerie d'attendre le choc sur la crète ou sur le plateau que forme la hauteur, que de combattre sur la pente. A l'égard de l'infanterie, il est toujours plus avantageux d'attendre l'ennemi sur le haut, bien serrée, & sur plusieurs colomnes d'une section chacune, en laissant entre elles des intervalles capables de recevoir deux escadrons, pour les faire descendre au premier signal; &, lorsque l'ennemi approchera à cinquante pas du haut de la montagne, elle s'ébranlera à l'instant pour fondre sur lui sans tirer.

Voilà l'avantage d'une armée qui a la hauteur sur son ennemi, & combat hors d'un retranchement. Alors l'avantage est très-grand; mais il devient très-dangereux contre un ennemi qui borde la plaine, contre une armée qui a la hauteur sans oser sortir de son avantage, supposé que cette hauteur ne ne soit pas extrémement roide, c'est-à-dire, de telle sorte que les rangs de derrière puissent tirer pardessus la tête de ceux qui les précèdent. En ce cas, il ne seroit pas bon pour celui qui seroit dans la plaine, & qui voudroit mesurer son feu avec celui de l'autre: mais, si cet avantage manque, celui qui sera dans la plaine l'aura pardessus lui.

Il

Il me paroît, par tout ce que je viens de dire, qu'à l'égard des armées retranchées, l'avantage est toujours plus grand pour ceux qui se défendent à couvert d'un retranchement, que du côté de ceux qui attaquent; & qu'il l'est encore plus lorsqu'on a la hauteur sur son ennemi à corps découvert, & qu'on prend le parti d'en venir aux mains. Malgré tous les avantages des armées retranchées, dont nous avons parlé, on ne peut s'empêcher d'être surpris de les voir forcées en peu de temps, lorsqu'elles sont vigoureusement attaquées. Selon les règles de la guerre, cela ne devroit pas arriver, pour peu de fermeté que l'on ait à se défendre. Ce qui me surprend encore plus dans tout ceci, & l'expérience ne nous le démontre que trop, c'est que le soldat est moins résolu derrière un retranchement qu'en rase campagne, & dans un avantage égal; sans sçavoir pourquoi, & sans que personne se soit encore avisé de lui expliquer ces avantages contre l'assaillant; & ces avantages sont infinis. C'est encore une question que nous résoudrons ailleurs.

Le plus difficile & le plus dangereux dans un camp retranché, est sans doute le comblement du fossé. On se sert de fascines: chaque soldat en porte une avec soi: ce qui sauve bien des coups de fusil avant qu'on arrive, lorsqu'elles sont bien faites & composées de menu bois. Lorsqu'on est arrivé sur le bord du fossé, les soldats se les donnent de main en main, pendant qu'on les passe par les armes. Il faut avouer

K

que cette méthode est fort incommode & fort meurtrière. Apparemment qu'on n'en a pas d'autre, & que la vie des hommes est une chose trop bagatelle pour chercher quelque autre invention qui expédie un peu plus promptement une telle besogne : ce qui fait que le soldat s'impatiente & se rebute avant l'œuvre faite ; &, pour se garantir des bordées de ce nombre infini de feu de toute espèce qu'il est obligé d'essuyer pendant tout ce temps-là, il se jette en confusion dans le fossé, & tâche de monter de là sur le retranchement, aimant mieux combattre avec un extrême désavantage que de s'exposer de sang froid à un ouvrage si long & si périlleux.

EXPLICATION DU PLAN VI.

D, abbatis du premier ordre de bataille. F, troupes rangées le long & derrière cet abbatis. K & H, véritable ordre de bataille ayant l'abbatis à dos.

2, chariots du second ordre, rangés bout à bout. 4 & 5, ordre de bataille. 11, réserves qui gardent le bagage. A & B, deux armées ennemies.

OBSERVATIONS SUR LE PASSAGE DES GRANDES RIVIÈRES.

Je ne vois rien de plus difficile que le passage des grandes rivières, soit par la ruse ou de vive force, lorsqu'on a affaire à un ennemi vigilant & entendu; & cependant on les passe, & rarement échoue-t-on dans ces sortes d'entreprises. J'ai lieu d'en être étonné, vu l'avantage de celui qui se défend, qui est si grand qu'il est à peine concevable; & cependant on se laisse emporter en fort peu de temps. L'avantage est toujours du côté de ce dernier, & malgré cela il est emporté.

Si l'on trouve une rivière qui ait son confluent dans le fleuve que l'on veut passer, on doit choisir cet endroit préférablement à tout autre : l'ennemi ne s'apperçoit ni ne voit rien de ce qui se passe en dedans; les préparatifs se font sans péril & avec beaucoup de secret & de diligence. Pendant ce temps-là, l'on tâche de faire diversion des forces de l'ennemi, par des contre-marches dont il ne puisse être informé, & qui lui puissent faire croire qu'on n'a nulle envie d'attaquer de ce côté-là, où l'on laissera un grand corps de troupes embusqué: on fera même mine de jetter un pont à trois ou quatre lieues au-dessus ou au-dessous du fleuve. Il est bien difficile que l'ennemi ne prenne pas le change, lorsqu'il voit une armée qui décampe d'un endroit pour tenter le paſſage en tout autre, pendant qu'on lui dérobe la connoiſſance des préparatifs qu'on fait ailleurs, & des troupes pour la deſcente. La nuit, toute cette armée, qui aura tenté le jour, décampera à la ſourdine pour ſe rendre en diligence à l'endroit où l'on aura réſolu le paſſage. Tous les bateaux ſortiront de la rivière, & entreront dans le fleuve pour paſſer au-delà.

La nuit eſt toujours l'heure la plus favorable pour ces ſortes d'entrepriſes, parce qu'elle fait paroître les choſes plus grandes qu'elles ne le ſont en effet. L'audace & la hardieſſe, avec laquelle on attaque, font qu'on s'imagine qu'on ne prendroit pas ce parti, ſi on n'étoit en forces; &, ſur ce fondement, il eſt rare qu'on faſſe grande réſiſtance: diſons plutôt qu'on n'en fait aucune, apparemment parce qu'on ignore le nombre qui a paſſé, à cauſe de la nuit. Pour le paſſage des grandes rivières, il faut avoir un grand nombre de bateaux auſſi gros qu'il ſera poſſible, & les armer, s'il ſe peut, d'un blindage mobile de faſcinage d'oſier, ou de radeaux blindés de même. Les premiers bateaux ou radeaux, qui feront la tête, ſeront remplis de quelques compagnies de grenadiers & d'un nombre de pertuiſaniers, pour réſiſter contre un effort de cavalerie.

Si l'ennemi s'eſt retranché ſur le bord de l'eau ſans laiſſer aucun terrein pour ſe former, l'attaque devient très-difficile & très-dangereuſe. Il faut néceſſairement que les ſoldats puiſſent combattre ſur un terrein ferme, & capable de contenir deux cent hommes de front ſur dix de profondeur : car, quand les bateaux ne tireroient qu'un pied d'eau, il n'eſt guère poſſible que les ſoldats puiſſent agir & combattre avec quelque eſpérance de ſuccès. S'ils ont le pied dans l'eau, ils perdent toute leur force, & cette légèreté ſi néceſſaire dans une attaque bruſque & impétueuſe. L'ennemi peut oppoſer encore d'autres obſtacles, & des pièges dans l'eau comme ſur le bord, qui peuvent rendre la deſcente preſque impraticable. Celui qui attaque doit prévoir tous ces obſtacles qu'on pourroit lui oppoſer, & ſe précautionner contre tout événement. On plante ſouvent des pieux dans l'eau à une certaine diſtance ; ce qui empêche que les bateaux ou les radeaux ne puiſſent avancer. On y jette des arbres entiers avec toutes leurs branches ; autre obſtacle qui vaut bien les pieux. On pratique quelquefois des puits près du bord. Tout cela fait perdre un temps infini, pendant qu'on eſt expoſé à des ſalves continuelles, qui font périr une infinité de braves gens : mais il eſt très-rare que l'on ſe ſerve de ces ruſes. Si on les mettoit en œuvre dans le paſſage des grandes rivières comme dans celui des plus médiocres, ces ſortes d'entrepriſes deviendroient plus ſérieuſes qu'on ne penſe : mais, par je ne ſçais quelle fatalité, on trouve preſque toujours des généraux qui négligent ces fortes d'obstacles, & qui se moquent même de ceux qui les leur proposent, ce qui est à peine concevable. Ils croient l'ennemi capable de surmonter tout, & font connoître par-là qu'ils ne sont eux-mêmes capables de rien. Le marquis de Santa-Cruz, qui a donné au public de si beaux ouvrages sur la guerre, pratiqua cette méthode dans la mer même : car, craignant une descente à Cagliari, capitale de la Sardaigne, il fit enfoncer de gros pieux dans l'eau sur plusieurs rangs ; de sorte qu'il étoit impossible d'aborder le rivage.

Le meilleur expédient, pour surmonter ces sortes d'embarras dont je viens de parler, est de faire des ponts sur un des côtés du bateau qu'on retient avec des cordages, ou par deux mâts qu'on laisse tomber, ou qu'on baisse en manière de pont-levis. Leur longueur doit être au moins de deux toises. Ces ponts sont encore meilleurs sur des radeaux ; on les fait de toute la largeur de la machine, de sorte qu'on débarque en bataille.

Charles XII, roi de Suède, un des plus grands capitaines de notre temps, excelloit, au-dessus de tout ce qu'on peut dire, dans le passage des rivières. Il ne les passa jamais que sur des radeaux. Ils étoient construits avec un tel art, que les soldats s'y mettoient dessus en bataille sur dix de profondeur, & même avec du canon. Ces radeaux étoient composés de plusieurs lits de poutres en long & en travers, fort près-à-près, fortement liées.

Les poutres étoient équarries sur quatre ou cinq lits avec un bordage de poutres, deux pièces de vingt-quatre & cinq cent hommes dessus. Son passage de la Dune en 1701, est tout ce qu'on peut imaginer de plus profond & de plus instructif; &, comme il est unique dans son espèce, je trouve à propos de le copier tout entier.

Le roi de Suède partit de Derpt à la tête de quinze mille hommes d'infanterie & de cinq mille de cavalerie; &, se croyant assez fort pour entrer en campagne, commença à marcher vers Riga (*). Il s'attendoit que les Saxons viendroient au-devant de lui, & passeroient la Dune pour lui donner bataille; mais, ayant appris qu'ils se retranchoient de l'autre côté, il résolut de passer lui-même cette rivière, pour les attaquer jusques dans leur camp. On ne pouvoit le faire qu'à la vue de quelques isles, où les Saxons avoient placé des batteries. Charles l'entreprit, à la faveur de certains radeaux de nouvelle invention sur lesquels il avoit fait mettre de l'artillerie, & de quelques barques remplies de paille mouillée où l'on mit le feu, afin que la fumée dérobât la vue de ses troupes à l'ennemi. Il fit premièrement jetter un pont depuis Riga jusqu'à une isle située au milieu de la rivière, dont les Saxons n'étoient pas les maîtres. Six bataillons y passent pour s'embarquer dans dix grands bateaux, dont les bords étant fort élevés couvroient

(*) Limiers, Hist. de Suède sous le règne de Charles XII.

les troupes, & pouvoient s'abaiſſer pour ſervir de pont au débarquement, & ſur chacun deſquels il y avoit deux pièces de canon. Le matin, 18 juillet, à la pointe du jour, les troupes s'avancèrent vers le rivage oppoſé, favoriſées de l'artillerie des remparts de Riga, & par le canon de la citadelle. Elles abordèrent en un endroit marécageux; &, à meſure qu'elles débarquoient, les bateaux alloient ſe ranger à droite & à gauche pour les ſoutenir par le feu de leur canon. Le vent, qui ſouffloit alors avec aſſez de véhémence, & qui étoit favorable aux Suédois, chaſſa du côté des Saxons une fumée ſi épaiſſe des barques pleines de paille mouillée, que le roi avoit eu la précaution de prendre avec lui, qu'ils en furent tout offuſqués, & ne purent s'oppoſer au débarquement auſſitôt & auſſi vigoureuſement qu'il auroit fallu. On commença enſuite à débarquer les troupes: &, à meſure que l'infanterie arrivoit, elle ſe rangeoit derrière ſes piques (c'eſt-à-dire, derrière les manches des piquiers), & ſes chevaux de friſe, & s'en faiſoit un rempart ou retranchement. Là-deſſus, les Saxons s'avancèrent au nombre de cinq régimens & de dix-ſept eſcadrons. Mais, ſoit que le terrein ne leur fût pas favorable, ſoit qu'ils fuſſent effrayés de la contenance hardie des Suédois, ils ſe retirèrent dans un lieu ſec flanqué d'un marais & d'un bois, où étoit placée leur artillerie. Alors les Suédois marchèrent à eux; &, ſoutenant leur feu ſans ſe rompre, les attaquèrent avec tant de vigueur, qu'ils les obligèrent à reculer.

EXPLICATION DU PLAN VII.

Ce radeau est composé de plusieurs chassis *A*, de quinze à seize pieds de longueur, sur dix ou douze de largeur. Ces chassis sont composés de soliveaux équarris *B*, de bois de sapin, sous lesquels on met plusieurs rangs de caisses poissées *C*, près-à-près les unes des autres, & qu'on lie serrément aux mêmes chassis. Ces caisses doivent avoir quatre à cinq pieds de long sur deux de largeur. On couvrira le chassis *A* de planches de sapin *D* fort légères, qu'on clouera dessus. On joint plusieurs de ces chassis les uns contre les autres, par de fortes amarres *E*, & des bouts de soliveaux *F*, pour les mieux retenir. Chaque chassis doit avoir une espèce de mantelet *G*, haut de sept à huit pieds, qui se baisse ou s'abat en manière de pont-levis, retenu par deux cordages *H*, qu'on lâche lorsqu'on est arrivé sur la rive du fleuve. Ce pont ou mantelet, car il est à deux usages, est couvert de planches *K*, & doublé de matelas *L*, qui entrent dans l'eau, pour garantir les caisses des coups de fusil. On attachera aux extrémités de ces ponts mobiles des griffes de fer *M*, qui se prennent à terre, & empêchent que la machine ne soit emportée par le courant. On pratiquera, aux deux côtés du radeau *N*, le montant *P*, pour y attacher les rames Q. On se servira de gens capables de bien conduire ces sortes de machines. On bordera le derrière de chaque chassis d'une fascine d'osier R d'un demi-pied de diamètre.

DE LA DÉFENSE

CONTRE LE PASSAGE DES GRANDES RIVIÈRES.

LE paſſage des grandes rivières, ou de celles qui ne ſont point guéables, ne roule que ſur un nombre de ſtratagêmes ſurannés & mille fois répétés. Peu de généraux l'ignorent, s'ils ont la moindre expérience. Les plus grands capitaines, comme ceux qui ne le ſont pas, les ont pratiqué les uns après les autres. Si on vouloit en faire un recueil, à peine rempliroient-ils une page d'écriture. Il y a un aſſez grand nombre d'écrivains, anciens & modernes, qui ont traité des ſtratagêmes ſur toutes les parties de la guerre. Il ſeroit à ſouhaiter que ces ſortes de livres fuſſent ſouvent lus & bien médités des gens du métier. Frontin en a fait un livre qui eſt fort eſtimé des connoiſſeurs; il les a rangés avec un tel ordre & avec tant de méthode, que chaque partie de la guerre a les ſiens.

Lorſqu'un général s'eſt porté ſur un fleuve pour en défendre le paſſage, il doit être en de perpétuelles défiances aux endroits mêmes où il ſemble avoir le moins à craindre : car le plus fort ſe trouve ſouvent le plus foible, lorſqu'on n'y fait aucune garde. La première de toutes les précautions qui rendent les autres plus faciles, eſt de retirer tous les bateaux qui ſe trouvent du côté oppoſé du fleuve, fort avant le long de ſon cours. On doit les faire passer en-deçà, les couler à fond aux endroits les plus aisés, ou les brûler. Je dis généralement tous les bâteaux, sans en oublier un seul. Cette disette réduit l'ennemi à ne sçavoir plus où se prendre. Le seul expédient qui lui reste, est de recourir aux radeaux : mais, comme toute sorte de bois n'est pas propre pour ces sortes de machines, il se voit dans la nécessité de démolir les maisons pour en faire ; ce qui nous donne le loisir de prendre des précautions plus assurées, & d'en chercher pour les rendre inutiles, ou d'empêcher un travail qui ne peut se faire que sur la rivière même ; ce qui est un avertissement & une assurance qu'on passera en ce seul endroit où l'on travaille ; ce qui fait qu'on est en état de se mettre en force.

Dans ces sortes d'affaires, on doit encore observer s'il n'y a pas quelque rivière qui se jette dans le fleuve, où l'ennemi peut aisément faire, secrettement & à couvert, ses préparatifs ; & sortir tout à coup, & lorsqu'on s'y attend le moins.

On en reconnoîtra le cours avec un très-grand soin, ses sinuosités, les endroits les plus accessibles : on y fera élever de bonnes redoutes, auxquelles on joindra des courtines, s'il est nécessaire : on les élevera le plus près des bords qu'il sera possible : on observera de couper les retours qui peuvent être favorables à l'ennemi, & des redoutes avancées pour ne laisser aucun terrein où il puisse se former : & ne pas imiter les Hollandois, qui, en 1672, s'étant retranchés sur l'Issel, laissèrent passer & former les François de l'autre côté, leurs retranchemens s'étant trouvés trop éloignés des rives du fleuve. Il y a une infinité d'autres précautions que j'écarte ici. Mais celles dont je fais le plus grand cas, sont les arbres coupés avec toutes leurs branches, que l'on coulera à fond par le moyen de plusieurs paniers, ou de sacs remplis de pierres liés fortement aux branches, ou en les retenant avec des pieux plantés entre les branches pour les tenir plus fermes.

Tout cela pourtant n'est d'aucune considération, s'il n'y a des troupes pour le défendre. Le plus grand nombre des généraux, craignant également par tout, divisent tellement leurs troupes, & les portent en tant d'endroits où il y a souvent le moins à craindre, qu'ils trouvent le secret, par cette conduite, d'avoir à craindre par-tout, & d'être par-tout hors d'état de se défendre. Le meilleur expédient est de former de petits camps de deux ou trois mille hommes, à une lieue ou deux l'un de l'autre, & des gardes entre-deux qui se communiquent de l'une à l'autre avec des signaux concertés, afin de marcher en forces aux endroits où l'ennemi aura tenté le passage.

Il y a encore une précaution à prendre, qui me paroît excellente, & qui me semble n'avoir jamais été pratiquée. On doit avoir, en différens endroits le long du cours du fleuve, de petits bateaux ou canots fort légers à six rames, pour aller la nuit reconnoître le côté opposé, & pour aller aux nouvelles, ou faire quelques prisonniers. On doit, sur toutes choses, se défier de ces grands feux qu'on fait dans le camp; cela signifie d'ordinaire une marche nocturne. C'est alors qu'on doit envoyer reconnoître à la faveur de la nuit, avec ordre aux rameurs de se laisser aller au courant, ou de passer à vogue sourde pour n'être pas découverts: & ceux qui seront descendus prêteront l'oreille à terre; ils sçauront bientôt s'il y a une marche. Je trouve un exemple de ces sortes de décampemens nocturnes & de ces feux allumés dans l'histoire de Timur-Beg (*).

Lorsque l'ennemi débarque en quelque endroit, on ne doit jamais envoyer de petits corps; c'est une très-grande & très-lourde faute: seuls, ils ne peuvent rien, & sont aussitôt défaits par la déroute des autres. Il faut marcher en forces, si la chose est importante: car, où il s'agit du tout, il faut donner avec un corps capable de repousser ce qui est passé. Mais, dans ces sortes d'actions, on doit attaquer brusquement sans délibérer & sans tirer un seul coup, joindre l'ennemi à coups d'armes blanches; alors les troupes qui arrivent pendant le combat animant celles qui sont déjà engagées, on combat avec plus d'ardeur, & l'espérance redouble à mesure qu'il en arrive de nouvelles.

A l'égard des ponts qu'on établit sur les ruisseaux, ravins ou watergans, pour le passage d'une armée,

(*) Liv. II, ch. 61.

on eſt dans une erreur très-grande là-deſſus. J'ai lieu de m'étonner qu'elle ait duré ſi longtemps. La coutume eſt de les faire ſi peu larges, que la queue des colomnes eſt obligée de faire halte pendant que la tête défile. Quelquefois on fait deux ponts pour chaque colomne; mais ne vaudroit-il pas mieux s'en faire qu'un ſeul à paſſer par manches ou par bataillons? On gagne bien plus d'en faire un ſeul de cent pieds de largeur, que deux ou trois moins larges: car il paſſe plus de monde ſur un pont de cette largeur, que ſur trois qui ſeroient chacun de quarante-ſept pieds de largeur: il n'eſt pas beſoin de beaucoup de philoſophie pour le comprendre. Lorſque les ponts ne ſont pas ſéparés les uns des autres, les troupes ne ſont pas obligées de rompre l'ordre de la colomne; & le temps qu'on perd pour ſe rejoindre ne laiſſe pas que d'être conſidérable.

OBSERVATIONS

Sur le passage des rivières de vive force, & qui se trouvent guéables en quelques endroits. Précautions que l'on doit prendre.

Le passage d'une rivière à gué, ou autrement, n'est pas une affaire de petite importance : car, lorsqu'on est une fois repoussé, la retraite n'est pas la chose du monde la plus aisée. Il ne s'agit point ici de ruse & de stratagème, mais d'une attaque de vive force.

La première chose à laquelle on doit avoir le plus d'attention avant que de résoudre, est d'envoyer des gens capables d'examiner la nature & le cours de la rivière ; on s'informe encore des gens du pays : on en fait lever le plan avec exactitude ; on marque les endroits où il y a des gués, leur profondeur, leur largeur, l'éloignement de l'un à l'autre, quel en est le fond, s'il est ferme ou marécageux, s'il n'y a pas quelque marais en-deçà ou en-delà, si ces marais sont praticables, & si, à force d'y passer du monde, le passage en devient plus difficile : car il arrive souvent à ceux qu'on envoie reconnoître de ne faire les choses qu'à demi. Ils rendent souvent bon compte du gué, & croient qu'il n'y a que cela à faire. Ils se retirent ; au lieu qu'ils doivent examiner avec une extrême attention le terrein qui est en-delà, où il se rencontre souvent des

des marais, en face du gué ; quelquefois plus difficiles à passer que la rivière même.

Il y a encore bien des choses qu'il n'appartient qu'aux gens du métier de bien remarquer, & qui ne sont pas de petite importance : c'est d'examiner les bords de la rivière, où l'on a rencontré des gués, en-deçà comme en-delà : car, lorsqu'ils sont trop escarpés, il faut du temps quelquefois pour les mettre en rampe ; & ce travail ne se fait pas toujours sans péril, autant pour les travailleurs que pour les autres qui les soutiennent.

Ce n'est pas encore là tout ce qui mérite d'être observé ; c'est la nature du terrein qui est en-delà : il faut voir s'il est plus favorable à la cavalerie qu'à l'infanterie. Car bien que celle-ci, selon mon sens, doive toujours passer la première, parce qu'elle est plus capable d'un grand effort, & de se maintenir ferme & inébranlable, par l'extrême profondeur de ses files & de ses armes de longueur, il est pourtant nécessaire de voir les endroits où la cavalerie puisse être de quelque usage, & que toutes les deux puissent se soutenir réciproquement, sans jamais se séparer l'une de l'autre, s'il est possible. Pour revenir à mon sujet, je dis qu'il ne faut pas seulement examiner le terrein d'en-delà de la rivière, mais encore celui que l'ennemi peut occuper pour venir à nous ; s'il y a quelques hauteurs qui le favorisent, ou s'il y en a qui puissent nous être avantageuses, en-deçà pour y placer du canon, & en-delà pour nous y poster. Il faut, outre ce que je viens de dire, observer le cours de la rivière ; si elle n'est pas d'une nature à grossir tout d'un coup, soit par les pluies ou les neiges, soit qu'il y ait des écluses plus haut qu'on puisse lâcher au moment qu'on voudra passer ; si l'ennemi n'a pas rompu le gué par des puits ou des trous pratiqués dans la rivière, des chausses-trapes, des madriers enfoncés dans le gué & couverts de pointes, des arbres entiers avec toutes leurs branches, de longs piquets plantés près-à-près dans l'eau ; si l'ennemi s'est retranché près ou loin des bords, s'il y a élevé des redoutes qui puissent se défendre par elles-mêmes. Un ennemi vigilant, qui veut traverser une rivière, hasarde quelquefois les endroits les plus difficiles, qui paroissent les plus impraticables,

PRÉCAUTIONS

qu'on doit prendre pour le passage d'une rivière guéable. Méthode de purger un gué.

UN général d'armée, qui se conduit dans le dispositif d'une si grande entreprise, comme je viens de la proposer en fort peu de mots, doit être persuadé, ou doit du moins supposer, pour ne point tomber dans des mesures trop courtes, qu'il aura affaire à un antagoniste hardi, vigilant, habile, & d'une grande résolution à tenter toutes les voies & tous les artifices possibles pour se bien défendre; & l'on doit d'autant plus mettre en œuvre tout ce que l'art a de plus profond, de plus fort & de plus redoutable, qu'on n'attaque que par une tête, & que les fausses attaques ne sçauroient être mises en grande considération: car en ces cas-là l'attention de l'ennemi se trouvant moins divisée, on craint peu dans les autres, soit par le voisinage de quelque place forte au-dessus ou au-dessous, soit par quelques forts, ou des inondations, ou des marais impraticables; & il est en état d'agir avec toutes ses forces au seul passage où l'on peut tenter raisonnablement; ce qui oblige l'assaillant à ne rien négliger de tout ce qui peut favoriser son entreprise, & à faire en sorte qu'on puisse dire de nous ce qu'on disoit de M. de Turenne, *qu'il n'alloit jamais au-devant de l'ennemi; qu'il n'alloit en même temps au-devant de ses desseins*; ce qui ne s'acquiert guère par l'expérience, mais par l'étude. Il doit choisir un temps, & mesurer si bien sa marche, qu'il puisse arriver trois ou quatre heures avant le jour, & pour attaquer trois heures après; car la nuit est le temps le plus commode & le plus favorable; de peur que l'ennemi ne se règle sur notre disposition, qu'il importe de bien cacher. On a tout le temps de se former & d'établir ses batteries aux lieux les plus avantageux, observant que leurs emplacemens soient différens. Pour que les coups prennent les ennemis de toutes parts, & que les tirs soient obliques & en écharpe, ce qui met un plus grand désordre dans les rangs, l'on pratiquera en diligence des épaulemens le long des bords de la rivière, pour y loger un bon nombre de fuseliers: car c'est particulièrement dans ces sortes d'actions où les feux de toute espèce sont nécessaires; ce qui éloigne l'ennemi, & nous donne le temps de faire passer un corps considérable de troupes.

Pendant qu'on se précautionnera de ce côté-là, on fera sonder le gué & passer quelques cavaliers, pour voir si les ennemis ne l'ont pas rompu ou embarrassé; parce que ces sortes d'ouvrages sont une affaire d'un moment, n'y ayant rien de plus facile que de rendre un gué absolument impraticable. Les arbres entiers, les tables clouées & les piquets sont les plus dangereux; mais ces derniers sont les plus difficiles: rarement s'en sert-on. Les gués piqués sont les plus difficiles à purger, & les puits ne le font pas moins. Lorfqu'on craint de tels obftacles, il eft toujours mieux d'arriver au paffage à l'entrée de la nuit.

En 1567, M. le prince de Condé, voulant paffer la Seine, fit placer quatre cent arquebufiers fur le bord de l'eau pour la garde de ceux qui, avec des rateaux, purgèrent le gué.

Cette méthode de débarraffer un gué ne paroît pas fingulière ; mais on ne le fait pas fans rifquer beaucoup. Pour moi, je fuis perfuadé qu'on le purgeroit plus facilement & avec moins de perte, fi l'on fe fervoit de griffes de fer, ou de fers comme ceux des chaloupes, attachés à de longues cordes, qu'on jetteroit le plus avant qu'on pourroit dans le gué. Cela eft excellent pour un ruiffeau ; mais il eft difficile qu'on puiffe réuffir à l'égard d'une rivière un peu large, à moins que ceux qui font chargés de cette befogne ne la faffent à la faveur d'un fi grand feu de canon & de coups de fufil, que l'ennemi ne puiffe y mettre le moindre obftacle, s'il n'eft retranché fur le bord. A l'égard des chauffes-trapes, je ne vois pas qu'on puiffe jamais s'en délivrer : elles feroient capables de rendre un gué abfolument impraticable, fi elles ne s'enfonçoient dans les boues ou dans le fable. Les premiers qui paffent en font d'abord incommodés ; mais ceux qui fuivent n'en ont pas beaucoup à craindre. Il arrive quelquefois que le fond d'un ruiffeau eft de bonne tenue & de gravier ; les chauffes-trapes en ces sortes d'endroits sont fort dangereuses. Je ne vois point d'autre remède pour les rendre inutiles, que de faire provision d'un grand nombre de claies que les soldats se donnent de main en main, qu'on enfonce dans la rivière, & qu'on charge de pierres, sur lesquelles ils traversent.

César passa l'Ebre, qui est un grand fleuve, en faisant traverser un grand nombre de chevaux & au-dessus & au-dessous du gué, & passa ainsi toute son armée sans avoir perdu un seul homme. Quelques-uns, emportés du courant, furent sauvés par la cavalerie.

Ce n'est pas tout que d'imiter César au passage d'un gué; il faut de plus imiter Alexandre le Grand à celui du Granique. Il se garda bien de le traverser de droit fil, mais de biais ou obliquement, pour ne pas rencontrer les ennemis en défilant, mais en bataille s'il se pouvoit; ce qui produit deux bons effets: l'un, que le courant de la rivière ne heurtant qu'obliquement la colomne de troupes qui la traverse, il a beaucoup moins de force, & l'eau s'échappe plus vîte du côté où l'on est entré: l'autre, qu'on présente toute la face de la colomne de passage à l'ennemi; &, par conséquent, il se trouve exposé à toutes les armes dont elle est garnie: & comme celui qui se défend la voit toute en face, il craint de l'avoir bientôt sur lui de front; ce qui le fait craindre également sur tout le front qu'il oppose; ce qu'un habile homme ne croira jamais, s'il connoît l'étendue du gué, & surtout lorsqu'on passe sur plusieurs colomnes, comme fit Alexandre.

Lorsqu'il y a un ou deux gués dans une rivière, quoique voisins l'un de l'autre, & qu'on ne peut y passer sur un front de plusieurs bataillons, il est toujours avantageux & même important d'y jetter un ou deux ponts au-dessus ou au-dessous des deux gués : car il peut arriver quelque orage qui fasse grossir un gué & le rende tout-à-fait impraticable, outre qu'on fait passer un plus grand nombre de troupes à la fois. Il y a encore une chose à observer dans le passage d'une rivière fort rapide, qui est d'ouvrir un peu les rangs pour laisser un cours un peu plus libre à la rivière : car, en passant trop serré sur plusieurs colomnes, la rivière se trouve arrêtée par ces sortes de digues mobiles ; celle qui est la première au-dessus de l'eau la fait regonfler de telle sorte, que les soldats n'en pouvant soutenir le poids sont quelquefois emportés par le courant. Il n'y a pas d'autre remède, ce me semble, que celui que j'ai dit : encore faut-il y ajouter de la cavalerie au-dessus, qui rompt la force de l'eau, & rend le passage moins difficile & moins dangereux à l'infanterie.

PASSAGE DES RIVIÈRES GUÉABLES *en plusieurs endroits.*

LORSQU'ON veut paſſer une rivière où il y a plusieurs gués fort près les uns des autres, l'attaque n'en eſt pas difficile. Comme c'eſt toujours la force ouverte qu'il faut employer, la ruſe & l'artifice n'y ſçauroient guère entrer, ſi l'on ne peut paſſer autre part qu'en jettant des ponts ; ce qui n'eſt pas de notre ſujet. A l'égard des gués, qui ſont éloignés les uns des autres, comme à deux ou trois lieues, il y a bien des choſes à obſerver lorſqu'on veut tenter de ce côté-là : car il eſt rare qu'un ennemi, qui eſt un peu vigilant, ne les rompe pas, & qu'il ne s'y fortifie par de bonnes redoutes, aſſez fortes pour donner le temps d'accourir au ſecours en cas qu'elles ſoient attaquées. Polyen me fournit un fait là-deſſus fort remarquable dans ſon premier livre. Xénophon, dit-il, avoit une rivière à traverſer ; les ennemis en ayant été avertis, & jugeant, par le chemin qu'il prenoit, de l'endroit où elle étoit la plus praticable, s'y portèrent avec toutes leurs forces. Le Grec, à cette nouvelle, détacha ſecrétement mille hommes de ſes troupes en un lieu plus haut, où il ſçavoit qu'il y avoit un gué, pendant qu'il s'efforce à traverſer la rivière à l'autre. Les mille hommes étant arrivés, paſsèrent de leur côté ſans trouver perſonne. Ils marchèrent aux ennemis, qui furent fort surpris de les voir sur leur flanc dans le temps que le gros les attaquoit au passage; ce qui les obligea de tout abandonner dans un grand désordre, & de laisser aux Grecs le passage entièrement libre. Qu'il y ait des gués au-dessus ou au-dessous de celui où l'on veut passer, il est certain qu'en donnant jalousie par tout, on oblige celui qui se défend de répandre ses forces en divers lieux, & de s'affoiblir extraordinairement; mais, si l'on veut donner également à craindre en plusieurs endroits, on tombe dans les défauts de l'autre, & l'on ne s'affoiblit guère moins; outre qu'il n'est pas difficile à l'ennemi de découvrir nos mouvemens; car étant maître absolument de la rive opposée, il lui est toujours aisé de faire passer des gens en-deçà pour reconnoître ce qui s'y passe; avantage qui ne se trouve pas dans celui qui veut attaquer, qui ne sçauroit approcher la rivière que lorsqu'il se détermine à tenter le passage; mais je ne crois pas qu'un général un peu sensé s'embarque dans une telle entreprise en plein jour, bien que cela soit assez ordinaire. C'est le bon-sens qui nous détermine à attaquer à une certaine heure plutôt qu'en une autre; & la nuit est sans difficulté l'heure du berger: & le temps encore n'est pas toujours propre pour ces sortes de desseins: un orage suffit quelquefois, lorsqu'il nous surprend, pour les renverser de fond en comble, & nous couvrir d'une honte éternelle: car rarement y revient-on, lorſqu'on a manqué ſon coup.

Le nombre des gués ou leur étendue eſt ſans doute un avantage ; mais, lorſqu'il faut défiler ſur un petit front, je ne vois rien de plus dangereux, ſi l'on ne jette des ponts avant & pendant le combat, & ſi l'on ne ſe fortifie au-delà, ſi l'ennemi nous en donne le temps, ou ſi ceux qui ſont paſſés les premiers ſont ordonnés de telle ſorte, qu'ils puiſſent, par leur courage & par l'avantage de l'ordre, ſe maintenir quelque temps de l'autre côté du fleuve ; parce que le nombre groſſit à tout moment, & par conſéquent ſans réſiſtance.

Souvent le paſſage d'une rivière eſt de ſi grande importance, & ſouvent ſe l'on trouve ſi foible en certains endroits où l'on a paſſé, qu'on ne ſçauroit conſerver le terrein en-delà contre les forces qui nous accablent, ou qu'on ſent devoir en peu de temps tomber ſur nos bras. Dans ces cas là, il importe de s'y fortifier ; mais comment, ſi l'on obſerve la méthode ordinaire de s'y fortifier? car cette méthode demande du temps. Le meilleur expédient & le plus court, eſt de ſe couvrir d'arbres coupés avec toutes leurs branches. On doit les préparer d'avance, & les traîner ſur les bords de la rivière par des cordes attachées à leur tronc. Il n'y a point d'obſtacles plus redoutables que ceux-là. L'on joint l'ennemi fort aiſément à couvert de ces chevaux de friſe ; outre que ceux qui les attaquent ſe trouvent derrière tout à découvert, & qu'en les abordant on ſe rend aiſément les maîtres. On ſe trouve aſſez à couvert derrière des arbres coupés par la hauteur de leurs branches, ou du moins en apparence ; & cela ſuffit aux ſoldats. Ajoutez qu'il eſt impoſſible aux ennemis de les aborder, & de joindre ceux qui les voient à travers les branches ſans être vus. Voilà bien des avantages ; & cependant bien des gens prétendent que cette méthode n'eſt pas trop bonne, ce qui eſt à peine concevable : car il y a bien des gens encore qui tiennent cette opinion.

Les abattis ſont ſur-tout néceſſaires dans les fauſſes attaques, c'eſt-à-dire, dans celles qui ſe font aux gués les plus éloignés, & qui ſe tournent en véritables, lorſqu'on échoue aux autres endroits. Il faut uſer de beaucoup d'adreſſe pour donner le change à l'ennemi : car il n'eſt guère ordinaire qu'il manque dans les précautions qu'un général un peu expérimenté, quelque médiocre qu'il ſoit, ne ſçauroit preſque ignorer. On rompt les gués, comme je l'ai dit ailleurs, & l'on ſe fortifie aux endroits où l'ennemi peut tenter commodément le paſſage & jetter des ponts, lorſque les gués ſont peu praticables ; &, quand même on ſçauroit que l'ennemi ne s'eſt pas précautionné de ce côté-là, pour être aſſuré de ſon fait, on doit y faire marcher des pontons. Mais, comme l'ennemi pourroit être averti de notre deſſein, il y a plusieurs choſes à obſerver. On n'ira à ces endroits que par un grand détour & à la faveur de la nuit : on prendra pendant un certain temps un chemin contraire : car les contre-marches engagent souvent celui qui se défend à des mouvemens qui lui sont ruineux ; &, quelque bien servi qu'il soit de ses espions, il leur arrive souvent de prendre le change : &, avant qu'on soit averti que l'ennemi revient sur pas, il se perd un temps si considérable, qu'on n'a pas toujours celui de le prévenir & de l'attendre au passage. Il y a souvent de fausses attaques qui embarrassent extrêmement, & qui nous obligent de répandre nos forces en plusieurs endroits pour éluder celles de l'ennemi ; ce qui nous affoiblit considérablement aux lieux où l'on veut passer : & quelquefois, par ces sortes de ruses, on fait les véritables attaques aux endroits les plus difficiles & où l'on se défie le moins ; & ces endroits, qui sont les plus aisés. Ces fausses attaques doivent se faire la nuit sans affectation ; il n'y a que les ténèbres qui puissent les favoriser. On doit encore les faire loin de la véritable attaque ; peu de monde suffit pour cela. Il faut encore que ce soit en des endroits où l'on puisse soupçonner qu'on passera ; ce qui oblige l'ennemi d'y marcher en forces, ou de disposer ses troupes en divers lieux. On doit encore y amener du canon ; ce qui fait croire que c'est là que l'on veut tenter le passage, pendant qu'on se prépare à traverser à un autre endroit.

DE LA DÉFENSE
DU PASSAGE DES RIVIÈRES A GUÉ.
Précautions que l'on doit prendre.

Les précautions que l'on doit prendre dans la défense des rivières guéables en quelques endroits, sont presque les mêmes que celles que j'ai données, dans l'article précédent, dans mes observations sur la défense des grandes rivières. Le passage de celles-ci est certainement la chose du monde la plus difficile & la plus dangereuse ; & bien que celui qui attaque réussisse presque toujours, & manque rarement son coup, cela n'ôte rien des difficultés de l'entreprise. Il n'en est pas ainsi des petites rivières, qui ont des gués où l'on peut passer, quand le fond en seroit mauvais & peu ferme, n'y ayant rien de plus aisé que de les rendre praticables, comme je l'ai expliqué ailleurs. Rien n'est plus difficile que de traverser une rivière sur un pont, sur lequel il faut défiler en présence de l'ennemi : c'est la chose du monde de laquelle je voudrois le moins répondre contre un tout autre antagoniste qu'un sot : car il faut être même plus que cela pour se laisser emporter lorsqu'on ne nous attaque qu'à un seul endroit. A l'égard des gués, comme on défile toujours sur un plus grand front lorsqu'ils ne sont pas extrémement profonds, il faut sans doute un plus grand art pour les défendre. J'ai déjà expliqué, en parlant de l'attaque, les précautions que l'on doit prendre pour rompre les gués le long du cours d'une rivière; & sur-tout ceux qui sont éloignés, où il faut se retrancher. Tout cela est traité ailleurs; mais je ne l'ai pas fait à plein fond : je m'en acquitterai ici autant que j'en suis capable.

Celui qui défend une rivière, & qui s'attend à être attaqué, outre les mesures ordinaires de rompre les gués, d'escarper les rives & de les relever par des épaulemens où l'infanterie puisse être à couvert, & tous les autres obstacles que le bon-sens & les règles de la guerre nous enseignent, il a encore bien des choses à observer. On doit reconnoître le terrein qui est en-delà; s'il ne domine pas absolument sur la plaine; s'il y a des hauteurs qui règnent le long des bords; si elles en sont très-près, & où l'ennemi puisse placer une nombreuse artillerie & un feu d'infanterie; & si le passage en cet endroit est difficile ou aisé; ou si l'on y peut jetter un ou deux ponts à la faveur d'un grand feu, que l'on ne puisse soutenir sans grande perte. Il est fort rare de ne point trouver de ces sortes de situations, & fort rare aussi que le terrein nous offre de telles faveurs de notre côté : car l'ennemi nous faisant la loi, il évite ces sortes d'endroits pour passer à un autre plus difficile, mais qui lui sera toujours moins meurtrier; outre qu'en quelque endroit qu'il veuille passer, il trouvera toujours de quoi loger son canon, toujours plus avantageusement posté au bas & sur le bord de la rivière, que sur une hauteur qui domine sur la plaine : car les hauteurs, à l'égard du feu, ne sont bonnes que pour celui de l'infanterie ; les rangs dominant les uns sur les autres comme en amphithéâtre, elle fait un plus grand feu, & voit d'en haut ce qui se passe en bas ; au lieu que les tirs d'en haut ou plongeans du canon ne sont pas d'un fort grand effet. Or, comme l'artillerie est fort nécessaire & très-avantageuse dans les passages des rivières importantes, & qu'il en faut même beaucoup, soit pour empêcher l'établissement d'un pont ou le passage d'un gué, soit pour empêcher l'ennemi de paroître & de s'avancer, & pour qu'à la faveur d'un grand feu ceux qui passent puissent se fortifier en-delà, ou se former en assez grand nombre pour se maintenir, & donner le temps aux autres de les joindre ; tout cela doit être bien considéré, pour tâcher de trouver des expédiens, afin que l'ennemi ne soit pas en repos après avoir passé, & qu'on puisse l'attaquer & le faire repasser plus vîte qu'il n'est venu. Ces expédiens ne sont pas difficiles à trouver, lorsqu'on a le temps de les mettre en œuvre ; & il en faut certainement peu pour ce que je vais proposer.

Lorsqu'on est informé que l'ennemi marche avec un grand attirail d'artillerie, il faut faire en sorte, s'il se peut, d'en avoir autant à lui opposer, avec un double attelage pour la transporter avec plus de diligence aux endroits où l'on peut en avoir besoin ; outre qu'étant bien attelée, on la sauve plus aisément ; au cas que l'ennemi vienne à percer quelque part. Mais ce n'est pas là ce qu'on doit observer le plus particulièrement. Car, si l'on ne peut résister au canon de peur d'en être accablé, & qu'il faille pourtant disputer le passage, voici ce qu'il me semble de mieux à faire. Je ne pense pas que qui que ce soit l'ait jamais pratiqué ; mais cela n'empêche pas que ce que je vais proposer ne soit bon, outre qu'il ne me paroît pas qu'on puisse trouver un autre moyen pour se garantir d'un feu supérieur de canon, & s'en tenir assez près pour qu'on ait le temps de charger l'ennemi au passage, & d'arriver sur lui en forces, & en état même d'attaquer plutôt que de se défendre.

EXPLICATION DU PLAN IX.

Le meilleur donc est de faire de puissans épaulemens (2) en croissant (*) ou en ligne courbe, à quatre-vingt ou cent toises des endroits où l'on soupçonne que l'ennemi peut passer. Il faut que les deux cornes (3), ou les deux extrémités de la courbe, soient à vingt toises de la rivière, & qu'elles embrassent un assez grand terrein pour mettre à couvert un grand corps de cavalerie & d'infanterie. Cet épaulement doit être de sept à huit pieds

(*) Voyez la figure A.

de

de hauteur, les terres jettées du côté de l'ennemi, comme nous faisons nos tranchées, & qu'il soit en rampe douce. C'est derrière ce petit rideau de terre, & à couvert de la furie du canon ennemi, qu'on l'attendra au débouché; observant de placer le canon le plus avantageusement qu'il sera possible, & de l'opposer à celui de l'ennemi, pour tâcher de le démonter, en attendant qu'on puisse le tourner du côté où l'ennemi tentera le passage; mais pour cela il faut que les batteries soient à barbettes, & qu'elles tirent toujours en écharpe ou obliquement. C'est une chose tout-à-fait surprenante que le canon soit placé sur le bord d'une rivière avec ses embrasures, comme dans un siège. Celui qui se défend ne doit jamais le placer de cette manière. Je ne parle pas de celui qui attaque; il n'a pas le temps de les établir avec tant de cérémonie. Aussi les habiles officiers d'artillerie n'ont-ils garde de tomber dans cette faute. Je dirai, en passant, qu'il importe aux généraux d'avoir du moins une idée de cette partie de la guerre, qui n'est pas un pur mécanisme, comme on le prétend.

Ces épaulemens, dont j'ai parlé plus haut, & où je reviens, sont absolument nécessaires; & l'on va voir leur usage & leurs avantages, qui ne sont pas peu considérables.

J'ai dit qu'un grand feu de canon, aidé encore de celui de l'infanterie qui borde les rives opposées, est quelquefois si terrible & si violent, qu'on eſt ſouvent obligé de céder un très-grand terrein; de peur d'en être accablé; & c'eſt à la faveur de ce feu que l'ennemi paſſe & ſe forme : au lieu qu'il ne peut le faire ſans un grand péril, & ſans perdre une infinité de monde par ces épaulemens tirés fort près du paſſage; outre qu'étant en ligne courbe, les boulets & le feu d'infanterie, dont ils ſont tout garnis, prennent l'ennemi de toutes parts, à cauſe des différens emplacemens des batteries, qui voient de front & en flanc ceux qui paſſent en-deçà : mais il ne faut pas lui donner le temps de ſe former en trop grand nombre, il faut marcher droit à lui. C'eſt dans ces ſortes d'affaires que la cavalerie eſt d'un grand uſage, ſi on la fait combattre autrement qu'on a coutume de faire; &, pour l'obliger à laiſſer l'ancienne méthode, & la mettre dans la néceſſité de s'abandonner ſur l'ennemi, il faut réduire le cavalier à ne ſe ſervir que de l'épée, & lui ôter le mouſqueton, pour ne charger qu'avec cette ſeule arme, qui fait ſon unique avantage.

La cavalerie montera donc à cheval, & marchera à l'ennemi avec un grenadier en croupe, qui mettra pied à terre lorſqu'il en ſera à une certaine portée, pour former des pelotons de cinquante grenadiers chacun, qui s'introduiront entre les eſpaces des eſcadrons pour combattre avec eux. L'infanterie ſuivra en queue ſur pluſieurs colomnes d'un bataillon chacune, fraiſées de leurs pertuiſanes; &

tout ensemble chargera & joindra promptement ceux qui auront traversé en-deçà : car, dès qu'on en est aux armes blanches, non seulement le feu n'a plus lieu, mais il arrive encore que les troupes, qui ont passé en-deçà, perdent tout l'avantage de leur feu ; car il n'y en a plus à faire dès l'instant qu'on est aux mains. Je ne vois rien de plus admirable, de plus instructif & de plus digne d'un grand général, que les règlemens de M. de Montécuculi, rapportés dans ses mémoires de la guerre contre les Turcs, à l'occasion de ce que firent, en 1664, les Impériaux, pour disputer le passage du Raab à l'armée Ottomane. Ces règlemens, qui regardoient la marche & la distribution des troupes Impériales, contribuèrent seuls au succès de cette grande journée. Il faut, comme je crois l'avoir dit ailleurs, choisir un beau temps au passage d'une rivière ; car la pluie, qui vient à tomber, est souvent cause que l'on échoue dans son entreprise. Ceux qui passent en foule la font d'ailleurs regonfler ; &, s'il survient un orage pendant qu'on est à la traverser & dans le temps qu'on en est aux mains, le gué devient impraticable.

La meilleure façon de se couvrir & de se mettre en état de soutenir une attaque lorsqu'on a passé, & de le faire avec peu de monde, est de se servir d'arbres coupés, c'est-à-dire en abbatis. Mais, comme on ne trouve pas ces sortes de choses par tout où l'on fait la guerre, outre qu'il faut quelque temps pour couper des arbres, on doit en faire bonne provision pour les passer de l'autre côté, & couper ce qu'on trouve en-delà. On s'en couvre en ligne courbe ou triangulaire ; &, à mesure qu'il passe davantage de monde, on étend la ligne, & l'on augmente le nombre des arbres, que l'on garnira d'un feu d'infanterie & de canon. La figure A montre comment il faut s'y prendre, & n'a pas besoin d'explication. Lorsqu'on prend un tel parti, il est certain qu'on embarrasse extrêmement celui qui se défend. Dans ces sortes d'affaires, il n'y a pas à délibérer : il faut attaquer fort ou foible, avant que l'ennemi se soit davantage fortifié, & qu'il ait passé un trop grand nombre de troupes.

Rien n'est plus favorable à celui qui attaque, que lorsqu'il est assez heureux que de rencontrer un gué dans un endroit où la rivière forme un coude ou un enfoncement considérable, & où celui qui se défend ne sçauroit s'engager sans être vu de front, de flanc, & souvent par ses derrières. Ces sortes de sinuosités se trouvent par tout dans les rivières. L'on peut alors passer ou jetter plusieurs ponts à son aise & sans rien craindre, comme cela arriva, en 1664, au passage du Raab par les Turcs, qu'on appelle la journée de Saint-Gothard.

Lorsqu'il y a de certains endroits disposés de la sorte, il y a des mesures à prendre pour tirer l'ennemi de cet avantage, qui n'est pas si entier qu'on diroit bien : car les deux branches AB, du rentrant C, sont enfilées & vues encore par leurs revers des deux coudes D; de sorte que l'ennemi ne sçauroit y loger du canon & un feu d'infanterie pour favoriser le passage & se former dans le rentrant sans être exposé à tout le feu de D; à moins que de se couvrir par des rideaux de blindes ou par de bonnes traverses, si celui qui se défend sçait profiter de son canon. D'ailleurs, lorsqu'on craint d'être attaqué, quand même l'on n'auroit qu'un ou deux jours de temps, on peut élever de bonnes redoutes en E, sur le bord de l'eau, & qui enfilent les deux branches AB, qui flanquent le gué F, ou les ponts G. Cela ne suffit pas pourtant: car l'ennemi peut, malgré le désavantage des deux branches, y apporter le remède dont j'ai parlé, marcher aux redoutes E, & les insulter l'épée à la main; à moins qu'elles ne soient bonnes & capables de contenir au moins cent cinquante hommes de défense avec du canon, palissadées sur berme, avec une palissade inclinée en dehors à cinquante pas du fossé ou des arbres coupés.

Si celui qui attaque n'avoit que cet obstacle, il pourroit à la fin le surmonter; mais je suppose ici que tout cela n'est pas soutenu d'un bon corps de troupes: car, en même temps qu'on travaille aux redoutes, & qu'on se couvre le long des bords de la rivière, on doit tirer un épaulement courbe H, d'une redoute à l'autre, où la cavalerie & l'infanterie puissent être à couvert du canon de l'ennemi. Je ne vois pas d'autre expédient pour rendre inutile l'avantage des ſinuoſités d'une rivière favorables à l'ennemi ; car il n'eſt pas poſſible qu'il puiſſe traverſer & ſe maintenir en-delà, pour ſe rendre maître de ces redoutes. Ajoutez l'épaulement courbe dont il faut eſſuyer tout le feu : que, s'il n'y a pas du monde en aſſez grand nombre pour déboucher en bataille de la courbe, & pour attaquer ceux qui ont déjà traverſé, les deux redoutes ſont ou doivent être aſſez bonnes & aſſez bravement défendues pour donner le temps aux troupes plus éloignées de venir au ſecours, bien que je ſuppoſe qu'on ne puiſſe paſſer qu'à un ſeul ou deux endroits.

Il peut y avoir pluſieurs ſinuoſités, telles que je viens de les repréſenter, éloignées les unes des autres le long du cours d'une rivière ; &, comme on s'affoibliroit extrémement en les gardant toutes par un corps conſidérable de troupes, on tirera une ligne d'une redoute à l'autre marquée par les points K, & une redoute L, avec une communication M, entre deux terres paliſſadées en dedans, à peu près comme nos chemins couverts. On a le temps, ſi l'on eſt attaqué, de ſoutenir ces ouvrages & d'attendre du ſecours.

Ce qu'il y a de ſurprenant dans le paſſage des grandes rivières, comme dans celui des petites où il y a deux ou trois gués éloignés les uns des autres, c'eſt que, ſi l'on paſſe en quelque endroit, pour peu de gens qu'il y ait en-deçà, on croit tout perdu aux endroits plus éloignés, lors même que les ennemis y sont repoussés, & l'on songe aussitôt à se retirer. Il est même rare que le plus grand nombre des généraux ne prennent pas ce parti.

DE L'ATTAQUE ET DE LA DÉFENSE

des maiſons & des cenſes en plein champ.

QUELQUE mauvaiſe & en apparence mépriſables que ſoient les maiſons, ſoit dans les villages ou en pleine campagne, ſoit qu'on ſe ſoit mis en tête de les défendre pour ſe couvrir contre l'ennemi, ou qu'on s'y trouve ſurpris ; quelque mauvaiſes, dis-je, qu'elles ſoient, l'inſulte ou l'attaque de ces ſortes de poſtes n'eſt pas, à mon ſens, la choſe du monde la plus aiſée. Je crois, au contraire, qu'elles ſont plus difficiles & plus dangereuſes qu'on ne penſe. Je me ſuis trouvé enfermé & inſulté dans une maiſon ou caſſine en pleine campagne, en 1705, en Italie ; & j'ai vu l'attaque d'une autre de fort près en 1703. Ce qu'il y a de bien ſurprenant, & l'expérience me le fait aſſez connoître, c'eſt que les plus méchantes maiſons ſont les plus difficiles à emporter, lorſque ceux qui ſont dedans ſont réſolus & déterminés à ſe bien défendre. Celles qui ſont bâties de brique & de peu d'épaiſſeur, ſont beaucoup plus fortes & plus ſoutenables que les autres qui feroient plus épaiſſes, c'eſt-à-dire, qu'un mur de trois briques d'épais eſt préférable à un autre de ſix : car ceux de pierre ou de moilon ne valent rien. J'ai remarqué que deux ou trois coups de canon y ſont de telles ouvertures, qu'il n'y a plus moyen d'y tenir ; outre que les éclats des pierres blessent une infinité de personnes, sans compter la facilité de les jetter bas en très-peu de temps : au lieu que le canon, dans un mur de brique, ne fait qu'un trou guère plus large que le boulet, sans le moindre écart. Voilà l'avantage des maisons de brique, que l'on doit préférer à celles qui sont de pierre de taille ou de moilon.

Ceux qui craignent d'être attaqués dans une maison où ils ont été postés, ou que la nécessité les oblige de défendre, ont des mesures à garder & des précautions à prendre. Il faut plus de bon-sens que d'expérience, lorsqu'on est assuré de la valeur & de la bonne volonté des soldats. Le plus grand danger est le feu : car, si elle étoit couverte de chaume ou de planches, il n'y a pas de meilleur remède que jetter bas le toît, du moins le chaume, & le brûler aussitôt, de peur que les ennemis ne s'en servent contre la maison. Il est bon de leur enlever cet avantage. Après cela, on visitera la maison, pour percer des crénaux tout autour à deux ou trois pieds de distance l'un de l'autre, de trois ou quatre pouces de diamètre, & sur tout aux angles. Je les mets près à près pour empêcher que l'ennemi n'applique des échelles entre deux crénaux pour monter sur le toît, comme il arriva à Logbasis : car, pendant que les uns attaquoient les portes, dit Polybe, les autres montèrent sur le toît, & assommèrent ou tuèrent d'en haut à coups de tuiles ceux qui la défendoient, pendant que les autres étoient occupés en bas à la défense des portes, qui furent enfoncées. C'est pour cette raison que bien que le toit soit couvert de tuiles, je propose d'y faire faire de grandes ouvertures, & de s'y échafauder, pour être en état de bien recevoir à coups d'épées ou de halebardes ceux qui tâcheroient de monter dessus. Il faut avoir fait encore une bonne provision de grosses pierres, pour les jetter sur les assaillans, & sur tout du côté des angles, par où on les sappe ordinairement ; ce que je n'ai pourtant vu ni oui dire qu'on eût jamais pratiqué, bien que j'aie trouvé plusieurs exemple dans l'histoire de ces sortes d'actions.

Voilà ce qui regarde le haut, lorsqu'il n'y a qu'un étage. Celui du rez-de-chaussée ne doit pas moins être gardé que l'autre d'en haut ; mais les créneaux doivent être percés fort haut, de crainte que l'ennemi ne s'en rende le maître en fourant ses armes dedans. C'est ce qui arrive ordinairement aux officiers sans expérience. On doit les percer à sept pieds & demi ou huit pieds du rez-de-chaussée, avec des banquettes de planches ou de fascinages, afin que les créneaux se trouvent alors à hauteur d'appui : car il faut bien prendre garde que ce qu'on appelle hauteur d'appui en termes militaires, est fort différent de la hauteur d'appui en architecture, qui n'est élevée qu'autant qu'il est nécessaire pour y mettre les coudes ; au lieu qu'il faut créneler le mur à environ quatre pieds & demi de la banquette en haut. Il ne faut pas moins percer les portes à la même hauteur, & les barricader du mieux qu'il sera possible ; & cet endroit est, sans contredit, le plus difficile à défendre, par la raison qu'il est aisé d'y mettre le feu, en se coulant, & se baissant le long du mur pour n'être pas vu de ceux qui le défendent. Pour moi, je pense que, si je me trouvois en pareil cas, je fermerois ou boucherois ma porte, & sur-tout lorsqu'elle est grande, par un ou deux arbres entiers avec toutes leurs branches, dont j'éguiserois les bouts ou la pointe pour empêcher l'ennemi d'en approcher : & je garnirois ce retranchement d'un bon nombre de fuseliers ; ce qui vaut mieux que la porte du monde la mieux barricadée.

Si l'on avoit le temps de lever terre, je voudrois tirer un fossé tout autour, de trois pieds de profondeur, dans l'intérieur de la maison, à deux pieds & demi en-deçà le long du mur, & large de six pieds, & percer des créneaux à un pied de hauteur le long du bas de la muraille & du rez-de-chaussée. Ces créneaux seront percés vis-à-vis & entre les intervalles de ceux d'en haut, & par-dessous la banquette. Ces créneaux voient les pieds des ennemis, avec cet avantage que ceux du dehors ne peuvent voir ceux du dedans, qui les voient sans être vus, sans qu'il leur soit possible de metre leurs armes dans ces créneaux pour être trop bas,

Cet avantage eſt d'autant plus conſidérable, que l'ennemi ne ſçauroit approcher ni ſapper le mur, ſans être expoſé au feu d'en haut, & à celui des créneaux d'en bas. J'ai obſervé cette méthode, en 1708, à l'égliſe de Leffingue.

La prudence exige, lorſqu'il s'agit d'attaquer une maiſon iſolée dans un village ou en pleine campagne, d'y faire marcher du canon de ſix ou de huit livres de balle, de peur d'y perdre inutilement ſon temps : car le ſuccès d'une inſulte de cette nature étant toujours fort incertain, lorſqu'on a affaire à des ſoldats réſolus & déterminés à ſe bien défendre, il vaut mieux aller au plus ſûr, les faire ſommer : &, s'ils ne ſont pas d'humeur à capituler, il faut faire battre le mur par les angles, ce qui eſt une affaire d'un moment. Si l'on n'a pas du canon, le meilleur expédient eſt de faire un grand feu aux créneaux, pendant qu'avec des échelles on tâchera de monter ſur le toît, de l'ouvrir & de tirer d'en haut ſur ceux du dedans, ou de les aſſommer à coups de tuiles ; ce qui ne peut guère ſe faire ſans danger, & même ſans déſavantage, ſi ceux du dedans ont ouvert eux-mêmes le toît pour tirer d'en bas contre ceux qui ſeroient montés deſſus, qui ne peuvent guère tirer ſans embarras, outre qu'ils ſont vus & choiſis de ceux d'en bas, dont il n'y a pas un coup d'inutile. Ajoutez que ceux qui montent par les échelles ſont vus des créneaux, qu'ils ne peuvent éviter lorſqu'ils ſont percés à deux pieds l'un de l'autre.

Lorfqu'on défend une maifon où il y a une cour, & une ou deux portes-cochères, on doit fe tenir dans la cour, occuper tous les corps de logis qui l'enferment, & créneler non feulement les murs du côté de la campagne, mais encore ceux qui voient dans la cour ; afin que, fi l'ennemi venoit à rendre fe maître de la cour, on pût fe retirer dans l'étage du rez-de-chauffée & dans celui d'en haut, pour tirer de toutes parts fur ceux qui font entrés. Mais je crois que le meilleur moyen, pour n'être n'être pas forcé aux portes, eft de les laiffer ouvertes & de les boucher d'arbres abattus avec toutes leurs branches. Je ne vois pas de meilleur expédient que celui-là : car alors il ne refte plus d'autre reffource à l'ennemi que de fapper les murs ou les battre à coups de canon ; &, lorfqu'on manque de celui-ci, & des outils pour fapper la muraille, je ne vois pas d'autre remède que de quitter la partie, à moins qu'on ne fe ferve du belier, c'eft-à-dire, de fufpendre une poutre entre quatre poteaux pour battre la muraille ; ce qui fait plus d'effet que tous les canons du monde. Cela ne fe fait pas fans péril ; mais auffi la maifon en eft plutôt renverfée.

PRÉCAUTIONS

dans la surprise & défense d'une maison.

JE ne vois rien de plus difficile, dans la défense d'une maison, que lorsque notre foiblesse ne nous permet pas de défendre le bas & le haut tout en même temps. Un courage & une intelligence médiocres, bien loin de trouver du remède à cela, songeront bientôt à se rendre sans rien faire de vigoureux ; & quelquefois ceux qui en ont le plus, ne sçachant quel parti prendre faute d'expérience, ne tiendront pas & se rendront avec un mortel déplaisir. Le meilleur, pour ne pas user de poudre, & pour être plus sûr de son coup, lorsque le plancher est bas, est de percer d'en haut ceux qui entrent, à coups de baïonette au bout du fusil : car, en ne tirant point, ceux d'en bas ignorent qu'on les darde d'en haut & d'où vient le coup, & avant qu'on s'en avise on a le temps d'en tuer un bon nombre : tant la nuit est avantageuse à ceux qui défendent ces sortes de postes, & tant elle l'est peu à ceux qui attaquent.

Ce qu'il y a encore d'avantageux, dans les défenses des maisons où les planchers sont bas & les portes étroites, c'est que, n'y pouvant entrer qu'un seul homme de front, il est aisé de s'en défaire : &, quand même il en entreroit deux, deux hommes font état d'en défendre l'entrée, en se tenant à côté de jour comme de nuit ; ils en tueront autant qu'il en entrera, à coups de baïonette, dès le moment qu'ils paroîtront sur le seuil de la porte. Il n'y a qui que ce soit au monde qui puisse révoquer en doute ce que je dis ici. Deux hommes sont capables d'en tuer deux cent, sans s'exposer le moins du monde ; &, lorsqu'il n'y a personne, deux hommes bien adroits & postés en haut auront presque le même avantage. A l'égard des chambres d'en haut qu'on ne peut garder, & qu'il faut nécessairement abandonner faute de monde, il n'y a point de remède, si l'ennemi, pouvant monter par plusieurs fenêtres, se jette dedans pour mettre le feu en ces endroits, & le communiquer aux autres chambres où l'on se défend, supposé que l'on ne puisse entrer par le bas. Mais, comme il peut arriver que l'ennemi ne pensera pas à employer ce remède, & qu'il voudra gagner les chambres abandonnées pour entrer dans les autres que l'on défend, le meilleur expédient que j'aie à proposer, si jamais quelqu'un ne s'en est avisé, est de faire couper le plancher du devant de la porte un peu plus que de sa largeur ; cela servira comme de fossé. La même chose peut se pratiquer devant les fenêtres : ceux qui hasarderont de monter dans les ténèbres tomberont en bas. Lorsqu'on a le temps nécessaire, on ouvre le plancher en plusieurs endroits : de sorte qu'il est impossible à l'ennemi d'entrer dans les chambres pour se rendre maître des autres que l'on défend.

Lorsqu'on est assez heureux pour repousser l'ennemi dans une affaire de cette nature, & l'obliger à tout abandonner pour attendre le jour, le meilleur expédient, si l'on n'est pas d'humeur à se rendre par la crainte de n'être point reçu à composition & d'être brûlé sans miséricorde, est de profiter de la nuit pour sortir, & de percer au travers des ennemis. Mais il faut bien se garder d'attendre le jour : le plutôt c'est le meilleur, & je crois la retraite la chose du monde la plus aisée & la plus sûre. Car qui peut s'imaginer que quelques hommes aient assez de résolution pour faire un tel coup ? Cela seul est l'unique chose qui peut contribuer à leur salut ; mais, dans ce cas, on doit sortir avec beaucoup de secret, tous ensemble, serrés & unis autant qu'il est possible, pour choquer avec plus de poids & de force ; observant de ne point tirer, & même en grand silence, de peur que les coups de fusil ne fassent connoître l'endroit où l'on aura percé une des gardes : car, outre qu'on se porte en cet endroit au plus vîte, on juge encore par où ceux qui ont percé se retireront. Ce que je dis ici mérite d'être bien observé. Ce qu'il y a encore de mieux à faire pour n'être pas rencontré, c'est de prendre toujours un chemin contraire à celui qu'on croit que nous prendrons, & qu'il semble que nous devrions prendre nous-mêmes. Une petite troupe se cache partout, par-tout, & il n'eſt pas ordinaire d'aller chercher des endroits du côté de l'ennemi, & ceux-là ſont toujours les plus aſſurés : on y paſſe le jour, pour prendre un autre chemin à la faveur de la nuit.

DÉFENSE DE MAISON

par le comte de **Saxe**, *dans le bourg de Crachnitk en Pologne.*

L'ANNÉE 1705 me fournit encore une défense de maison, tout aussi hardie & autant digne d'être décrite que la précédente, dans un village de Pologne. Je l'appris, en passant dans la Prusse, par un officier qui n'avoit aucun intérêt de m'en imposer : mais, comme ce n'est guère ma coutume d'écrire sur le témoignage d'un seul homme, lorsque je puis m'informer par d'autres de la vérité du fait, j'ai eu soin d'interroger plusieurs personnes sur ce sujet. Ce que je vais dire regarde le comte de Saxe, maréchal de camp dans les troupes de France, qui joint à une grande valeur une intelligence, une application & des talens peu communs dans les grandes parties de la guerre, ayant eu pour maître un des plus sçavans & habiles guerriers (*) de l'Europe. Il fut attaqué de nuit dans une maison, dans le temps de la confédération en Pologne. Il étoit à Léopold, où il attendoit l'occasion & une escorte pour se rendre à Warsovie, où la cour se trouvoit alors. Comme il apprit qu'il s'étoit fait une trève entre les troupes Saxones & les confédérés, il crut devoir profiter de cette oc-

(*) Le feldt-maréchal comte de Schulembourg.

casion, & partit vers la fin de janvier avec un bon nombre d'officiers & les gens de sa maison. Il arriva dans un bourg nommé Crachnitk, prit son logement dans un cartehmar, qui est un bâtiment à peu près semblable à ceux qu'on appelle caravanseraïs en Turquie, ignorant que la trève étoit rompue, & que les Polonois eussent dessein de l'enlever dans cet endroit-là. Informés qu'il étoit dans ce bourg, ils détachèrent deux cent dragons & six cent chevaux commandés par M. Paschkoniski, parce qu'ils s'imaginèrent qu'ils y trouveroient encore le maréchal comte de Flemming, qui venoit par la même route. A peine étoit-il à table, qu'on vint l'avertir qu'il entroit beaucoup de cavalerie dans le bourg, & qu'on les voyoit défiler de son côté : que, s'il avoit envie de soutenir son poste, il se hâtât de prendre ses précautions. Il lui étoit impossible de pouvoir défendre tous les corps-de-logis de cette maison, qui étoient séparés les uns des autres, n'ayant que dix-huit personnes avec lui. Il abandonna la cour & occupa les chambres, où il posta deux ou trois hommes à chacune, avec ordre de percer la plancher, pour pouvoir tirer d'en haut sur ceux qui entreroient dans les étages d'en bas. Et, comme le comte pouvoit donner du secours à ses gens par l'écurie, il s'y posta avec ce qui lui restoit de gens. Il n'eut que le temps qu'il falloit pour faire cette disposition, & un moment après les Polonois l'attaquèrent. Les portes d'en bas furent d'abord enfoncées ; mais, comme le plancher étoit fort peu élevé, ceux d'en haut, pouvant leur appuyer le bout du fusil sur les reins sans être vus, ne manquèrent pas de profiter de cet avantage. Les premiers entrés furent tués sur la place ; les autres étonnés de ce meurtre, voyant qu'il ne seroit pas meilleur pour eux s'ils s'avisoient de suivre leurs camarades, & s'imaginant qu'il y avoit plus de monde en bas (quoiqu'il n'y eût personne) qu'il n'y en avoit en haut, abandonnèrent cette attaque pour monter par les fenêtres des autres chambres, qu'ils voyoient bien n'être pas gardées faute de monde, pour entrer de-là dans les autres ; ce qui embarrassa beaucoup le comte de Saxe, qui ne pouvoit empêcher cette manœuvre. Il les laissa faire, résolu de monter & d'entrer dans ces chambres l'épée à la main avec ce qu'il avoit d'officiers, & de tomber sur l'ennemi, qui ne s'attendoit pas à une sortie si sourde, & sur-tout au milieu d'une nuit obscure où le courage tient lieu de nombre, & qu'on croit toujours plus grand qu'il n'est en effet.

Bien que le comte eût été blessé d'un coup de feu au travers de la cuisse, cela ne l'empêcha pas d'agir, & de se jetter sur les ennemis, qui avoient déjà rempli la première chambre. Ils furent surpris & chargés, & presque tous passés au fil de l'épée ; les autres prirent le parti de se jetter par les fenêtres. Les Polonois tentèrent encore une feconde fois l'aventure avec le même fuccès, ce qui les obligea de fe retirer. Ils fe contentèrent de bloquer la maifon, & d'attendre le jour pour voir le parti qu'ils auroient à prendre. Le comte jugea bien de leur deffein ; & il avoit de grandes raifons de fe tirer de leurs mains. M. Pafckkoniski inveftit la maifon par différens petits poftes, & envoya en même-temps un officier fommer le comte de Saxe, avec menace de le brûler, ainfi que le bourg. Celui-ci cria à l'officier de fe retirer; mais comme un de fes domeftiques entendit qu'il y avoit bon quartier, & fe mit en devoir de fortir par la fenêtre pour s'aller rendre, il fe vit obligé, pour défefpérer les affaires, de faire tuer l'officier Polonois. L'ennemi, ne fe rebutant pas, envoya un dominicain pour faire une feconde fommation. Il fut reçu comme l'officier. Le comte affembla enfuite tout ce qu'il avoit de monde, & leur dit que, n'y ayant aucun quartier à attendre pour lui moins que pour les autres, il ne voyoit point d'autre remède, pour fauver leur vie, que de fortir l'épée à la main, leurs troupes étant difperfées en différentes petites gardes & le gros loin d'eux, outre la nuit qui étoit fort obfcure; que, le bois n'étant qu'à deux pas du bourg, leur retraite étoit affurée; que tout ce qui leur pouvoit arriver étoit de tomber dans une de leurs gardes, qu'ils ne pouvoient manquer de furprendre, & de charger l'épée à la main fans délibérer. Cette propoſition étonna quelques-uns, & fut goûtée des autres. On ſe met en devoir de ſortir, au nombre de quatorze hommes. On rencontre d'abord une garde qui ne ſe défioit de rien, & qui avoit mis pied à terre. Comment s'imaginer qu'une poignée de gens pût prendre une telle réſolution? On ſe l'imagine pourtant, lorſqu'on ſçait ce que peut la néceſſité & le deſir de ſauver ſa vie. On trouva la garde dans l'état que je viens de dire, ſur laquelle on fit main baſſe, ſans qu'il fût tiré un ſeul coup; & ces quatorze hommes ſe retirèrent à Sandomir, où il y avoit une garniſon Saxone.

MESURES A PRENDRE

dans la surprise des places.

C'ÉTOIT autrefois un problême dans la politique militaire, si les citadelles ou les réduits étoient nécessaires. Machiavel, & tant d'autres auteurs après lui, se sont distillé l'esprit dans le pour & le contre; mais celui qui a le mieux réussi là-dessus, est M. Maigret, un des plus habiles ingénieurs qu'il y ait en Europe. Son traité (*) de la sureté & conservation des états par le moyen des forteresses, est un des meilleurs livres qui aient été faits depuis longtemps. Il fait voir, dans cet ouvrage, ce que l'exemple & l'expérience démontrent à l'égard des citadelles dans les grandes villes, & des réduits dans les petites. Je suis persuadé qu'il en faut dans les unes comme dans les autres. La garnison de Crémone ne s'en trouva pas mal. Dès que l'ennemi fut dans la ville, le comte de Revel & le marquis de Prâlin se jettèrent dans le château, & firent d'abord lever les ponts; & l'on a pu voir que le château fut la cause du salut de la ville & de la gloire de la garnison. Les citadelles ou les réduits font qu'une garnison est en état de défendre son corps de place jusqu'à la dernière extrémité, & de se retrancher même jusques dans les rues, assurée d'une retraite dans

(*) Imprimé à Paris, chez Billiot, 1725.

la citadelle ou dans le réduit ; & d'avoir bonne composition, si l'on n'est pas en humeur de la bien défendre.

Un gouverneur ou un général tel qu'il puisse être, qui se trouve commander dans une grande ville, doit avoir moins d'égard à la commodité des bourgeois, qu'à tout ce qui peut l'assurer dans sa place. Il est de même plus avantageux à ceux-ci que les officiers & les soldats soient logés ensemble, & qu'ils occupent différens quartiers de la ville autour des remparts, & un ou deux dans le centre, que s'ils étoient logés & partagés dans les maisons de chaque particulier. Le meilleur & le plus prudent est d'occuper les couvents les plus proches des remparts, & de s'en servir comme de cazernes. S'il y a une citadelle, château ou réduit, toutes les munitions de guerre & de bouche, s'il est possible, y doivent être enfermées. S'il n'y a rien qui puisse servir d'asyle & de retraite à la garnison en cas d'accident, on doit chercher un endroit commode dans la ville qui puisse tenir lieu de réduit ou de citadelle, le fortifier & l'isoler. Ces précautions sont importantes. Tous les corps-de-garde doivent être fortifiés & fermés d'une forte barrière contre la ville. Il faut placer des sentinelles aux endroits les plus délicats, les doubler la nuit si le cas l'exige, & les faire relever d'une heure à l'autre ; ce qui fait que les gardes se trouvent dans un mouvement perpétuel. Cette méthode me paroît excellente dans le temps de crainte & de soupçon, & sur-tout l'hiver, qui est la saison la plus favorable à ces sortes d'entreprises.

Les places qui ont des fossés secs sont très-aisées à être insultées ou surprises par intelligence. Elles demandent une plus grande attention, & plus de vigilance que celles dont les fossés ont de l'eau. Si le service se fait avec exactitude, & que ceux qui sont chargés du détail de la place aient la précaution d'avertir à l'ordre de se tenir sur ses gardes, & de doubler les rondes & les patrouilles dans un temps où l'on ne peut rien comprendre des mouvemens des ennemis; si, dis-je, celui qui commande dans la place a soin de se précautionner, de faire sortir à l'entrée de la nuit une centaine d'hommes pour faire des rondes dans le chemin couvert, & d'envoyer quelques partis à la guerre, il est hors de doute que la méche ne manquera pas d'être découverte. S'il y a des égoûts dans la ville qui communiquent dans le fossé, & que ces égoûts ne soient point grillés, on doit les faire visiter & y mettre des sentinelles, & il doit y en avoir, du moins la nuit. On doit user des mêmes précautions aux aquéducs.

Si, malgré toutes les précautions que je propose en fort peu de mots, l'ennemi entre dans la ville par surprise, les soldats seront avertis par les signaux concertés d'avance. Les piquets s'assembleront aux endroits destinés, & marcheront sur le champ ſur la place ou vers la citadelle, pendant que la garniſon prendra les armes. La cavalerie montera en même temps à cheval, ſans attendre les ordres du général ou du gouverneur de la place; elle marchera dans les rues : l'infanterie en fera autant : & tous attaqueront fort ou foible, & donneront l'allarme de toutes parts. Si les bourgeois ont pris les armes, il n'y a pas à délibérer, on doit mettre le feu aux maiſons d'où l'on tire ; &, s'ils ne ſont pas déclarés, les menacer de faire un bûcher de leur ville, s'ils branlent le moins du monde. Si perſonne ne remue, & que l'ennemi, maître des places, coupe la ville en deux, comme fit le prince Eugène à Crémone, il n'y a pas de meilleur moyen que de percer la ligne, rompre cette communication, & s'y barricader. Si l'ennemi eſt maître de toutes les places & en grand nombre dans la ville, on s'aſſemble ſous le feu de la citadelle, on gagne les rues qui y aboutiſſent, l'on s'y barricade, & l'on tâche de s'avancer du côté de la place d'armes où l'ennemi s'eſt poſté. On fait avancer du canon qu'on mène à bras ; & l'on tâche de s'en rendre le maître, & des rues qui y aboutiſſent. C'eſt par-là que l'on doit commencer, en attendant que toute la garniſon ait pu joindre, & qu'on puiſſe être en état d'attaquer l'ennemi.

EXEMPLE REMARQUABLE

DE SURPRISE DE VILLE.

Les entreprifes, fans aucune intelligence avec ceux du dedans, font ordinarement les plus fûres. Celle fur la ville d'Ulm, capitale de la Suabe, le 8 feptembre de l'année 1702, en eft une bonne preuve. L'exemple en eft remarquable.

M. de Bavière, ayant été informé que la ville d'Ulm n'étoit pas la chofe du monde la plus difficile à furprendre, n'eut garde de négliger un coup de cette importance. Avant que de s'embarquer dans cette entreprife, il jugea à propos d'envoyer un officier déguifé dans la ville, qui, l'ayant reconnue du côté de la porte aux Oies, par où les payfans entroient tous les matins avec leurs denrées, fit déguifer quarante officiers choifis en payfans & en femmes, avec des paniers pleins de fruits, d'œufs & d'autres denrées, leur ayant donné pour armes des piftolets & des baïonnettes, & à chacun deux grenades. Ceux-ci entrèrent, fans être reconnus, auprès de la porte, à l'heure marquée par l'auteur de cette entreprife. Il y en avoit un qui devoit fortir après avoir mis fon chapeau d'une certaine manière, pour fervir de fignal. Tout étant prêt, fix cent dragons furent mis en embufcade dans un petit bois, & deux régimens des mêmes troupes furent mis un peu plus loin, avec deux cent grenadiers & un pareil nombre de fusiliers. Le sieur Péékmann, lieutenant des gardes de M. de Bavière, fit avancer les paysans supposés. Quand ils furent arrivés au poste qu'il leur avoit marqué, il laissa tomber de sa main une hache, qui étoit le signal de l'expédition. Alors on se jetta sur la garde de la porte, qui fut désarmée ; & les femmes travesties, c'est-à-dire les officiers travestis en femmes, se saisirent des sentinelles pour prévenir l'allarme. Les soldats, qui étoient au nombre de vingt-cinq, furent enfermés dans le corps-de-garde, & il n'y en eut qu'un de tué pour tenir les autres en crainte. En même temps, les officiers qui étoient dans la ville se rendirent près de la porte, & se saisirent d'une tour, dans laquelle il y avoit une garde. Au signal donné, les dragons parurent l'épée à la main, & s'emparèrent du rempart, de l'arsenal & de cinq bastions. La garnison y accourut ; mais elle fut dissipée dans un moment. Les compagnies de bourgeois, au nombre de dix-huit de deux cent hommes chacune, parurent ensuite avec leurs drapeaux, & les femmes y accoururent en même temps en furie, armées de tout ce qui leur étoit tombé sous les mains ; mais tout cela n'empêcha pas que les Bavarois ne conservassent les postes occupés, ayant été soutenus par de nouvelles troupes. Le sieur Péékmann, principal exécuteur de l'entreprise, fut blessé de plusieurs coups, dont il mourut.

M. Péékmann fit le trait d'un habile chef de guerre, & de grande prudence, de gagner le rempart, de se saisir de la tour & de quelques bastions en même temps que de l'arsenal. Si les Impériaux avoient pris ce parti à Crémone, plutôt que de gagner les places, ils se fussent rendus les maîtres de toutes les portes, & de celle de Crémone en même temps. Je dirai pourtant que, si la garnison d'Ulm eût marqué autant de vigueur & de courage que celle de Crémone, je ne sçais ce qu'il en seroit arrivé, la bourgeoisie agissant de concert avec elle. Cela me surprend d'autant plus dans les bourgeois, comme dans les autres, que cette ville est libre; & l'amour de la liberté eût dû les obliger à quelque action vigoureuse; cependant l'on ne vit rien de tout cela. La surprise fait, dit-on, tomber les armes des mains des plus intrépides. Lorsqu'on a affaire à une garnison opiniâtre & commandée par des officiers résolus à tout, on doit aller bride en main dans un assaut: &, si l'on force la brèche & qu'on entre dans la ville, on doit songer plutôt à s'établir le long du rempart, que d'entrer dans la ville.

EXPLICATION DU PLAN XIII.

Fascinage (2): son parapet (3), & sa fraise (4) faite de gros pieux, avec leurs branches taillées pointe, & brûlées par le bout, semblables au bois d'un cerf, inclinées comme nos palissades, pour empêcher l'escalade. Embrazures (5). Tours de terre (6). Banquettes (7). Rampes (8). Fossé perdu (9). Fossé du retranchement (10). Abattis (11) présentant leurs pointes à l'ennemi, & affermis en terre par leur tronc. Fosses (12) où César fit enfoncer des pieux aiguisés par le bout. Ceps (13) taillés en pointes, plantés en terre, étant affermis par leurs racines, afin qu'on ne pût les arracher : l'on croit qu'ils étoient plus dangereux que nos chausse-trapes, qui sont des clous à quatre pointes de fer disposées en triangle.

CONDUITE

que doit tenir, dans une place assiégée, un commandant qui se voit dans une telle extrémité.

POLYBE dit que Claudius se vit dans la nécessité d'attaquer les Carthaginois & les Syracusains qui assiégeoient Messine. Trois raisons l'y contraignoient, selon le même auteur; l'ardeur avec laquelle ces deux nations poussoient le siège, la honte & le danger qu'il y avoit pour lui à les laisser plus longtemps devant la ville, & les forces qu'avoient les ennemis sur terre & sur mer. Dans cette extrémité, Claudius ne crut pas qu'il y eût pour lui d'autre parti à prendre que de sortir au-devant des ennemis. Il sortit & fit fort sagement; &, si l'on me permet de faire une maxime, je dirai que tout grand corps qui se jette dans une place assiégée, & qui s'y voit investi tout aussitôt, ne doit jamais attendre que l'on vienne à lui; il doit tirer la résolution du présent par la considération de l'avenir, qui ne nous fournit que des idées tristes & désagréables : un coup d'éclat est l'unique remède qu'on puisse employer dans ces sortes de conjonctures.

Lorsqu'en se hâtant trop, il y a lieu de craindre que l'on ne tombe dans un état pire que celui où l'on est, on peut espérer de se tirer d'un mauvais pas, par les secours qui peuvent nous arriver ou que nous attendons : mais, lorsqu'il n'y a rien à espérer de ce côté-là, & qu'il n'y a plus de temps à perdre, il faut sauter pardessus toutes les considérations de périls & d'obstacles, quelque grands & insurmontables qu'ils nous paroissent. Dans les affaires extrêmes & pressantes, l'on ne doit pas s'attacher à l'exactitude des règles de la prudence ; il faut, au contraire, pousser la résolution au-delà des bornes de la hardiesse. Une folle audace, dans ces sortes de cas, n'est pas une petite sagesse. Je ne veux pourtant pas inférer de-là qu'il ne faille pas faire une différence entre le possible & l'impossible. En un mot (car on ne sçauroit trop prêcher ceci), il faut donner tout à la fortune, se résoudre à tout ce qui en pourra arriver, lorsqu'il n'y a rien de mieux à faire, & qu'on ne voit qu'un instant entre le mal & le pire.

Telle étoit la conjoncture où se trouvoit le général Romain, telle aussi fut sa conduite. Belle leçon pour les gens de guerre, mais leçon bien rare dans la pratique. L'histoire, si féconde en événemens parallèles, nous offre une infinité d'exemples de généraux engagés dans ces sortes d'affaires. Mais en voit-on beaucoup à qui la tête n'ait pas tourné, & qui n'aient bien vu le mal sans aucun autre remède que celui d'un quiétisme lâche & honteux ? Ces sortes de gens se rencontrent à chaque pas que l'on fait. Mais, au contraire, il s'en trouve très-peu qui aient pensé comme Claudius. Les ames frappées à un coin

coin si particulier sont d'une très-grande rareté, quoiqu'il s'en trouve par-ci par-là & de loin à loin. Ces sortes d'intelligences militaires voient de la facilité dans les desseins qui semblent insurmontables à la témérité la plus audacieuse, mais ignorante, & qui voit le mal sans voir le moyen de s'en tirer. C'est encore une très-grande rareté de trouver des hommes, qui, après s'être déterminés à l'exécution d'une entreprise hardie & nécessaire, n'aient pas changé de résolution, & ne l'aient pas abandonnée, par la grandeur des obstacles, ou par trop de considération des forces de l'ennemi, ou par les mauvais conseils de ceux qui ne sont pas responsables de la mauvaise conduite de leur général.

Dans les entreprises nécessaires & indispensables, on ne consulte point, on prend la résolution de la chose même; après cela, on avise aux moyens de l'exécution : car qui voudroit s'arrêter à tous les obstacles qui se présentent, ne feroit ni n'exécuteroit jamais rien. C'est le défaut ordinaire des esprits trop fins, quelquefois aussi des esprits lourds, & qui sont lents à se résoudre. Malheur à eux, s'ils consultent leurs semblables!

Je suppose ici un homme qui n'est rien de tout cela, mais hardi & ferme. Quelle est la conduite qu'il doit tenir dans un dessein de cette nature? Ce qui lui importe le moins de sçavoir est sans doute le nombre des forces des ennemis, puisqu'il ne s'agit pas de demander combien ils sont, quelque foible que l'on soit ; mais seulement où ils sont, la position de leurs postes, & les différentes routes qui peuvent nous y conduire. Il ne s'agit pas seulement qu'on nous les indique ; car ce n'est rien voir, que de voir par les yeux d'autrui. Il y a des choses, dit quelque part Tite Live, sur lesquelles on ne sçauroit prendre de résolution certaine, si on ne les examine soi-même, & si l'on ne se transporte sur les lieux pour voir de plus près ce qu'il y a à faire. Dans tous les combats, dit Tacite, il faut commencer à vaincre par les yeux. Quoique, dans ces sortes d'entreprises, le chemin pour aller à l'ennemi ne soit pas fort long, il peut arriver qu'il le soit, si l'ennemi occupe deux camps avantageux, qui ferment tous les passages par où l'on peut recevoir des secours de vivres ou de troupes : car il y a des places d'une certaine situation, que l'on bloque beaucoup plus de loin que de près, en se rendant maître de certains passages, qui sont plus difficiles à forcer du côté de la campagne que de celui de la ville, lorsque la garnison est assez forte & assez vigoureuse pour entreprendre sur ceux qui nous bloquent, & pour nous ouvrir les passages. Si un général qui commande dans une place se trouve assez de forces & de courage pour oser tenter une telle entreprise, il doit reconnoître avec soin tout le pays jusqu'à l'ennemi ; afin que, sur cette connoissance, il puisse former sa marche, & marcher, s'il se peut, en bataille. Cela ne suffit pourtant pas ; il y a bien d'autres mesures à prendre pour être sûr de son fait. Il doit être parfaitement informé de la situation des deux camps, & de l'éloignement de l'un à l'autre ; s'ils peuvent se communiquer aisément & sans obstacles ; & s'il est possible de tomber sur l'un des deux, & couper chemin aux secours qui peuvent venir de l'autre, ou du moins lui donner jalousie & le tenir en échec.

Les Carthaginois & les Syracusains étoient postés, en deux camps séparés, des deux côtés de la ville ; c'est un cas particulier. Tenons-nous-en là, puisqu'il ne s'agit pas d'un blocus dans toutes les formes, d'une ligne environnante ou de circonvallation, mais seulement de deux armées retranchées, sans aucune des précautions nécessaires pour se communiquer & s'entre-secourir. Cette faute ne dut pas échapper à Claudius. Voilà déjà un obstacle de moins dans son entreprise, & un grand préjugé pour la victoire. Il faut encore observer, avec toute l'exactitude possible, la nature & la force des retranchemens, leur hauteur, la largeur & la profondeur du fossé, & les endroits qui nous semblent les plus insultables. Un général ne peut voir cela & s'en instruire par lui-même : mais il n'est pas difficile de trouver des gens capables de s'en approcher, de les reconnoître, & de lui en rendre un bon compte ; sans parler de ce qu'il peut apprendre des transfuges ou des prisonniers que l'on fait, & par mille autres moyens dont nous parlerons dans le cours de cet ouvrage.

Sur ces connoiſſances, un chef éclairé dreſſe le plan de ſon entrepriſe le plus ſecrettement qu'il lui eſt poſſible, ſans rien faire paroître de ce qu'il peut avoir en tête, & ſans perdre aucun temps; car les hommes qui entendent la guerre doivent non attendre, mais prévenir les conjonctures. Un général, qui ſe trouve au fait du pays, de ſa marche & de tout ce que j'ai dit, qui pèſe les obſtacles qu'il peut rencontrer dans ſes deſſeins, comme ce qui peut l'aider à pouſſer au but, peut raiſonnablement eſpérer de réuſſir. La témérité & l'imprudence peuvent être blâmables, ſi elles ſont dépouillées de toute apparence de raiſon; mais, pour peu qu'il y en ait, la néceſſité de mettre en jeu tout ce qui n'eſt pas impoſſible, juſtifie le général. S'il réuſſit, c'eſt un grand homme; s'il échoue, il s'acquiert la réputation d'un homme véritablement courageux ſans être téméraire, & ne perd rien de ſa réputation, puiſqu'il a tenté de ſe ſauver par un coup extraordinaire; & qu'il frappe par néceſſité, plutôt que par imprudence. Ces ſortes d'entrepriſes, comme toutes les autres qui nous paroiſſent hardies & néceſſaires, & ſurtout lorſque nous ſommes les plus foibles, ne s'exécutent jamais que la nuit: & ſans doute que c'eſt l'heure la plus favorable; car les ténèbres d'une nuit obſcure rendent les choſes plus effroyables à celui qui eſt attaqué, & plus grandes qu'elles ne sont en effet. Mais, parce qu'il est très-difficile de s'empêcher d'être découvert, il y a des mesures à prendre, qui ne sont pas connues de tout le monde.

Comme le succès des entreprises qui ne souffrent aucune remise dépend uniquement du secret & d'une résolution prompte & subite, je conseille au général de garder l'un bien précieusement dans sa tête, & de ne s'ouvrir à personne qu'au moment de l'exécution ; &, à l'égard de l'autre, il ne sçauroit se résoudre trop tôt. Pour le premier chef, je ne vois pas que l'ennemi ait le temps d'éventer la mine ; car, outre qu'on est dans une ville fermée où les espions ne sont pas si couverts ni si libres que dans une armée en campagne, on est si près de l'ennemi, qu'on est dessus avant qu'il ait le temps de se reconnoître & d'apprendre qu'on est sorti.

A l'entrée de la nuit & les portes fermées, on commandera deux ou trois cent hommes d'infanterie, qu'on assemblera sur la place, & auxquels on distribuera de la poudre autant que leurs fournimens en pourront contenir, & des balles à proportion : pendant ce temps-là, les officiers & les sergens mêmes se rendront chez le général ; &, sans qu'il paroisse qu'il ait quelqu'autre dessein que celui pour lequel il les fait assembler, il leur dira : Qu'ayant reçu avis qu'on remuoit dans l'un des deux camps ennemis (& ce doit être celui sur lequel il ne veut pas entreprendre), sans sçavoir trop bien ce que cela vouloit dire, il avoit jugé à propos d'user de quelques précautions pour se mettre à couvert de toute surprise ; qu'il n'en voyoit point d'autre que de partager leur détachement en quatre petits corps, qui s'iroient poster entre les deux camps, pour couper la communication de l'un à l'autre, & arrêter tous ceux que l'on rencontreroit pour en apprendre des nouvelles; observant de s'approcher secrettement & sans bruit du camp où l'on remueroit, sans tirer ; & de poser des sentinelles doubles d'un corps à l'autre, qui puissent s'entrecommuniquer, sans autrement s'embarrasser du bruit qu'ils entendroient à leurs épaules ; & d'attendre de nouveaux ordres, si on avoit à leur en donner.

Je poste ainsi ce corps entre les deux camps & vis-à-vis celui que je ne veux pas attaquer, pour le tenir en échec, & éluder les secours qu'il pourroit envoyer à celui sur lequel je veux entreprendre. Le sujet de ce détachement n'est pas tant pour empêcher le secours d'un camp à l'autre, que de s'avancer au plus près du camp, & de faire un grand feu au premier bruit de l'attaque de l'autre. Ce feu retient dans leur camp ceux qui ne sont pas attaqués, les fait craindre pour eux-mêmes, & les tient irrésolus & en suspens sur ce qu'ils feront ou ne feront pas : cependant le temps se passe & l'occasion s'échappe ; car, comme l'obscurité les empêche de voir le nombre de ceux qui font feu sur eux, ils s'imaginent qu'il est beaucoup plus grand qu'il n'est en effet, & se forment mille chimères & mille sujets de crainte, que la nuit enfante & produit ordinairement.

Les choses en cet état & le détachement parti, on fera prendre les armes à tout ce qu'il y a de troupes dans la place : &, pendant qu'on distribuera les munitions, & qu'on répandra du fumier sur les ponts-levis de chacune des portes, pour éviter le bruit que l'on peut faire en marchant dessus, particulièrement la cavalerie ; pendant tout ce temps-là, dis-je, le général assemblera le conseil de guerre, non seulement les officiers généraux qu'il a à ses ordres, mais encore les commandans des corps & les majors de chacun en particulier. Le compliment qu'il doit faire à cette assemblée doit être court & résolu.

Je ne vous ai pas assemblés, leur doit-il dire, pour vous demander si j'exécuterois ou abandonnerois une entreprise nécessaire & déjà résolue. Toutes les raisons que vous pourriez m'alléguer au contraire, seroient inutiles. Il n'est pas question du pour & du contre, ni de raisonner sur tous les obstacles & les difficultés qui peuvent se rencontrer, quelque grandes qu'elles vous paroissent ; mais il est question d'agir : &, comme j'y suis résolu, je n'ai besoin d'autres conseils que de ceux qui pourront faciliter le succès de notre entreprise. Je ne pense pas que, parmi un si grand nombre de braves gens qui sont ici assemblés, il puisse s'en trouver un seul qui pense autrement que moi, dans une affaire où il va de notre honneur & de notre salut tout ensemble. Je vais vous communiquer tout le plan de mon projet ; &, si quelqu'un a quelque chose de meilleur à dire dans ce que j'ai pensé pour l'exécution & pour en applanir les obstacles, il lui est permis de le proposer ; & non seulement nous suivrons son avis, mais encore nous lui en ferons tout l'honneur. Je ne feins point de vous dire que l'entreprise est très-grande & de la plus hasardeuse exécution à bien des égards ; mais elle ne l'est pas, à beaucoup près, tant que l'extrémité où nous nous trouvons ; & cette extrémité nous assure du succès. J'ai pris de si bonnes mesures, que nous devons tout espérer de notre courage & de notre conduite, plutôt que de la fortune. C'est folie que de compter sur notre salut, si nous ne le cherchons par l'apparence d'une plus grande folie. La prudence est une vertu, mais elle devient imprudence & lâcheté, lorsqu'elle s'oppose au parti d'une extrémité nécessaire.

Cette harangue militaire, diront peut-être quelques critiques, est-elle à sa place dans un sujet purement dogmatique ? Je leur répondrai que c'étoit la méthode des anciens dans toutes leurs entreprises, & de plusieurs grands capitaines parmi les modernes. Si tels généraux que je m'imagine avoient eu à bâtir sur ce fond, ils eussent beaucoup mieux fait de s'en servir, & de faire à leur tête, dans bien des entreprises importantes & très-aisées dans l'exécution, que de les abandonner misérablement à l'excessive prudence & aux conseils timides de certaines gens, qui ne sont pas moins épouvantés des obstacles imaginaires que des véritables, de ceux qui ne sont pas que de ceux qui sont en effet. S'ils eussent employé une telle méthode, ils eussent fermé la bouche à tout esprit de contradiction; car il n'y a rien de plus efficace que ces sortes de complimens.

Le général s'étant expliqué de la sorte, il règlera le poste de chacun des officiers généraux & le nombre des corps qui seront à leurs ordres, sans qu'il leur soit permis d'étendre plus loin leur pouvoir, & de se porter autre part qu'à l'endroit où ils doivent être. Cette méthode est très-bonne dans les affaires de nuit; je m'étonne qu'on la pratique si peu dans ces sortes d'actions. Il ne faut pas en être étonné; elles sont trop rares en ce temps-ci, ou, pour mieux dire, on n'en entend plus parler depuis près d'un siècle: car, qui est-ce qui, depuis ce temps-là, se souvienne d'avoir vu des surprises d'armées à la faveur des ténèbres? Mais, ce qui n'est pas supportable, c'est que cette méthode n'est pas moins négligée dans les affaires générales & de plein jour.

DISSERTATION

SUR LES MINES,

& les avantages qu'on en peut tirer pour la défense des places.

Je ne donne point, dans cette dissertation, la construction des mines, des contre-mines, la position des écoutes, des fourneaux, leurs charges, ni la manière de s'en servir. C'est seulement une idée générale des avantages que l'on tireroit des contre-mines, si elles étoient construites & défendues comme elles devroient l'être. Pour bien expliquer le tout, il faudroit entrer dans un détail de pratique; &, sans compter la trigonométrie, entrer aussi dans une théorie sur le choc des corps, la communication des mouvemens, sur la résistance des solides, sur les différentes forces du choc & du ressort de la flamme des différentes quantités de poudre, sur les temps & les différentes manières dont elle s'enflamme dans les différentes bouches à feu, selon que le feu y est porté; &, enfin, dans une science physico-mathématique, qui exige un enchaînement de démonstrations qui demandent un gros volume, dont ce discours ne pourroit être que la préface.

Quand l'Espagne fit la conquête du royaume de Naples sur la France; un Italien, nommé François George, entretenu à Naples en qualité d'architecte, proposa au capitaine Pierre de Navarre, général de l'armée Espagnole, faisant pour lors le siège du château de l'Oeuf, de le rendre maître dans peu de ce château. Les François, qui le défendoient, eurent le sort d'éprouver le premier effet de la poudre dans les mines. L'architecte y travailla, & il parvint, soit avec connoissance de cause, soit par hasard, à placer des poudres, de manière qu'il renversa une partie de la forteresse & de la garnison dans la mer. Voilà l'origine de ces volcans artificiels, inventés pour faciliter la prise des places; mais il se trouve, au contraire, & l'on n'y fait point assez d'attention, que c'est ce qu'il y a de meilleur pour leur défense.

On sçait que la perfection des arts & des sciences est réservée à la succession des temps. A l'égard de la science des mines, à en juger par ce qui s'est pratiqué, il y a des vérités qui, selon toute apparence, n'ont point encore été connues. Il s'en déduit des faits & des moyens si avantageux pour la défense des places, qu'il seroit déraisonnable de les avoir négligés.

Ce que j'ai vu de plus précis sur la construction & sur l'effet des mines, ce sont des mémoires tirés de plusieurs expériences faites il y a environ vingt-cinq ans. On y donne suffisamment juste la charge des fourneaux, & les différentes ouvertures qu'ils produisent dans les terres, selon leurs différentes lignes de moindre résistance; je dis suffisamment juste, parce qu'il y a un ordre & une précision géométrique, en ces choses, dont on ne parle point dans ces mémoires. Par exemple, on y remarque bien que la pratique a fait connoître qu'il faut moins de poudre, en proportion des masses, pour une grande ligne de moindre résistance que pour une petite ; & la raison spécieuse que quelques-uns en donnent, est qu'une grande quantité de poudre a plus de force à proportion qu'une petite quantité : mais ceux qui ont pensé ainsi auroient senti la fausseté de cette opinion, s'ils avoient pris garde qu'il faut faire attention au fardeau à enlever, & à la tenacité des parties qu'il faut séparer ; que ce fardeau est toujours en raison triplée de la ligne de moindre résistance, & que la tenacité des parties à séparer n'est qu'en raison doublée ; qu'entre les corps semblables les grands ont moins de superficie, par rapport à leur masse, que les petits par rapport à la leur ; que les tenacités étant mesurées dans les masses semblables & homogènes par les superficies, elles suivent les mêmes proportions ; & qu'enfin, les charges des fourneaux, selon qu'ils sont plus grands, & par conséquent plus profonds, doivent se diminuer selon la proportion des tenacités, ou, ce qui est la même chose, selon la raison doublée de leurs lignes de moindre résistance ; & que cette diminution doit se faire sur la charge premièrement établie, par la raison triplée de ces lignes de moindre résistance.

Ce discours, sur la seule porportion des charges, fait connoître la nécessité de la géométrie pour l'usage certain des mines. La simple pratique, non seulement n'entendra point ce qui vient d'être dit, mais même il se rencontre des cas à l'occasion desquels elle ne réussit que rarement. Elle suffit cependant pour l'attaque d'une place où il n'y a point de contre-mines; parce que, quand rien ne s'oppose au passage du mineur, il est facile de renverser une contrescarpe & d'ouvrir un bastion; &, si quelquefois avec cette facilité on voit des mines ne point réussir, c'est une ignorance qui n'est point pardonnable à ceux qui se mêlent de les faire construire; à moins que d'ailleurs quelque hétérogénité, que l'on n'a pas pu appercevoir, ne nécessite la poudre à un autre effet que celui qui doit résulter dans une masse homogène: mais la faute arrive plus souvent par ignorance que par les inconvéniens, d'autant qu'un homme qui sçait son fait distingue ordinairement les lieux où il doit craindre quelqu'un de ces inconvéniens; &, s'il ne voit pas les moyens d'y remédier, il doit du moins avertir le général de ce qu'il craint.

On n'a point assez pris garde à quel point le nom de contre-mine convient aux mines (parce qu'étant bien entendues, elles sont absolument contre l'assiégeant, & le mettent dans l'impossibilité d'en faire aucune) préparées pour la défense des places. Personne n'ignore combien elles imposent à celui qui attaque ; mais le mal qu'il en a reçu jusqu'à présent n'est rien en comparaison de celui qu'on peut lui faire, & des difficultés qu'on peut lui opposer. Je n'avancerai pas que ces contre-mines peuvent rendre une place imprenable ; mais j'avouerai qu'à ruse égale, je ne vois pas les moyens de surmonter les obstacles, ni de réussir à une attaque qui seroit contre-minée avec ordre, & défendue avec intelligence.

On juge bien que j'entends parler d'une place située en lieu convenable pour les mines, fortifiée sur les principes d'un bon systême, avec une garnison suffisante pour la défense ordinaire, provisionnée de munitions de guerre & de bouche, & de toutes les choses dont l'expérience a fait connoître la nécessité.

Celui qui sçaura se servir des contre-mines, construites comme elles le doivent être, pourra arrêter le mineur ennemi, l'étouffer, ou gâter son ouvrage ; en sorte qu'il ne sera pas possible à d'autres de revenir au même endroit. Il pourra aussi, s'il veut le laisser entrer dans des galeries, lui barrer le chemin par où il sera venu, & le prendre sans lui faire du mal. Il y a des cas où il est bon de le surprendre, & de le poignarder dans son trou. Enfin, l'assiégé, qui sçaura profiter de tous ces avantages, sera absolument maître du sort de son ennemi ; & sans entrer dans le détail des pièges & des ruses que le mineur ennemi ne pourra prévoir ;

se trouvant dans l'impossibilité d'avancer, toutes les routes sous terre lui étant interdites, & ne pouvant faire de mines qui lui soient d'aucune utilité ; alors l'assiégeant, nécessité de braver les mines de la place, & de conduire son attaque selon l'art ordinaire, sera d'une valeur plus opiniâtre qu'on ne peut se l'imaginer, si sa constance est à l'épreuve de tous les maux que l'assiégé pourra lui faire, non seulement dans ses approches, mais encore à son logement du chemin couvert, & par-tout où il aura la témérité de se porter.

S'il chemine par sappe au chemin couvert, il est bon, de temps à autre, de l'avertir, par quelques fourneaux, du péril où il est : s'il l'attaque de vive force, les mines, dans ce temps, me paroissent inutiles. Il est vrai qu'elles peuvent ébranler les troupes pendant l'attaque, & leur enterrer quelques hommes : mais les entonnoirs servent de logemens, & il vaut mieux garder les fourneaux pour déranger le travail, & par conséquent gagner du temps ; d'autant mieux qu'il ne faut charger ces premiers que quand on veut s'en servir ; afin d'être toujours à temps d'empêcher le mineur ennemi d'y arriver, ce qui ne se peut, quand ils sont chargés. L'ennemi étant arrivé au chemin couvert, pendant qu'il perfectionnera son logement, il pourra de nouveau tenter de rentrer sous terre ; mais il sera encore arrêté, & trouvera de toutes parts les mêmes difficultés qu'auparavant. Sitôt qu'il travaillera aux épaulemens de ses batteries pour les brèches, il sera bon de faire sauter & de déranger ce logement entier de chemin couvert, par les mines superficielles. Il y a de bonnes raisons pour en user ainsi, & pour ne point attendre cette première fois que le canon soit en batterie. Ces premières mines dégagent & allègent les terres aux endroits où le canon se doit placer ; ce qui facilite les autres mines à porter ce canon du côté de la place. Quand il aura rétabli ce logement, ce qui ne se fait pas en peu de jours, & qu'il aura placé son canon, les fourneaux que je suppose disposés avec ordre, & chargés comme il convient, le porteront dans le fossé de la place. Une aventure pareille doit étonner un ennemi. Autre logement à recommencer, & autre canon à rétablir : mais d'autres mines qui culbuteront encore ce canon dans ce même fossé de la place, auront lieu de le surprendre. S'il a l'audace d'en remplacer une troisième fois, il essuyera encore le même inconvénient. Et, enfin, dans une hauteur de vingt-cinq ou trente pieds de terre, il est facile de faire sauter jusqu'à six & sept fois une même superficie, qui avoisine le chemin couvert ; & certainement c'est plus qu'il ne faut pour rebuter l'ennemi le plus opiniâtre.

Toutes ces mines doivent être disposées de manière à ne point endommager le parapet du chemin couvert ; ainsi, il demeurera toujours en état d'être occupé à chaque fois que le logement sera renversé.

renverſé. Pendant ce temps, il ne faut point épargner les ſappes, les communications, & les parallèles d'où l'ennemi ſoutient ſon logement de chemin couvert. Il faut remarquer ici que, ſi la profondeur du terrein eſt convenable à pouvoir faire ſauter ſix & ſept fois la ſuperficie qui avoiſine le chemin couvert, il eſt facile, en plein terrein qui aura la même profondeur, de diſpoſer les fourneaux de manière à enlever vingt fois les mêmes endroits dans toute la ſuperficie du glacis ou de la campagne ; & cela, parce qu'on n'eſt point aſſujetti à un ſeul côté, comme auprès de la paliſſade.

Si les contre-mines ont mis l'ennemi hors d'état de faire brèche avec ſon canon, & qu'il s'opiniâtre à la réuſſite de ſon entrepriſe, quel parti pourra-t-il prendre ? Aura-t-il recours à l'eſcalade ? Ce projet eſt aſſez chimérique, & peu à craindre pour une garniſon qui ſçait ſe défendre. J'en parle cependant, parce que je me ſuis trouvé dans une place, dont la garniſon, toute valeureuſe qu'elle étoit, ayant fait tout ce qu'on en pouvoit attendre, craignit d'être eſcaladée ; ce qui obligea, après deux jours de conteſtation, à mettre l'eau aſſez mal à propos dans nos foſſés. Reviendra-t-il à ſon mineur ? Ce mineur n'a que deux moyens pour arriver au corps de la place ou de l'ouvrage attaqué ; l'un, de paſſer du chemin couvert par-deſſous le foſſé, travail de longue haleine, & dans le cours duquel il ſera certainement arrêté ; l'autre, de renverſer la contrescarpe, ou faire la descente du fossé, pour le passer à la faveur d'un épaulement. Dans l'un & dans l'autre de ces deux ouvrages, on peut encore l'inquiéter suffisamment pour le rebuter. Mais, supposé qu'il parvienne au corps de l'ouvrage, une galerie magistrale avec ses écoutes, derrière l'escarpe, le mettra dans l'impossibilité de réussir. Il faut toujours quelques fourneaux en jeu, avec cette attention de ne faire sauter que les travaux que l'on connoît être les plus perfectionnés.

Dans ces derniers temps, les ennemis se sont avisés d'arriver au chemin couvert par des sappes couvertes, ou pour mieux dire par des galeries sous terre, laissant seulement un pied ou demi-pied de terre sur leurs têtes : après quoi, faisant tomber ce ciel, leur logement se trouvoit presque fait. Rien n'est plus facile que d'arrêter ces ouvrages, & de les contraindre à prendre un autre parti, si l'on veut : les contre-mines seules faisant le mal dont je ne donne ici qu'une idée générale, joint à cela la bonne conduite d'une garnison, qui peut & doit, par des manœuvres entendues & faites à propos, contribuer à la désolation entière de l'ennemi, en profitant des différens dérangemens qui lui arrivent par les effets des mines. Il faut convenir que c'est la meilleure, & peut-être l'unique défense dont on puisse tirer d'aussi grands avantages.

Comme on n'a point encore vu ni oui parler

d'une défense de cette nature, on pourra soupçonner d'imagination ce que je viens de dire en faveur de l'usage des contre-mines. Je n'avance rien qui ne soit fondé sur une théorie expérimentée : la chose gît en fait ; & j'en assure non seulement la possibilité, mais aussi la facilité.

Je n'ai point vu de contre-mines préparées avec l'art requis ; de plus, je n'ai point vu, en différentes attaques contre-minées où je me suis trouvé, que les ennemis aient tiré de leurs contre-mines un parti tel qu'ils le pouvoient. Car de telle construction qu'elles puissent être, il y a toujours de certains avantages dont on doit profiter ; mais la connoissance de ces avantages roule sur une méchanique aidée d'une certaine ruse géométrique, s'il est permis d'en parler ainsi, à laquelle il faut avoir l'esprit préparé.

On me permettra de représenter que quinze ou vingt mineurs détachés, comme on fait ordinairement pour jetter dans une place assiégée, ou pour mieux dire menacée, ne sont pas suffisans : ils peuvent au plus établir quelques fourneaux sous le glacis, ce qui intimidera l'ennemi ; mais le mal qu'il en reçoit n'est pas grand, & le peu que cela l'arrête ne vaut pas la peine d'y faire attention. D'ailleurs, faute de communications, on est obligé de charger ces fourneaux quand il approche du chemin couvert ; ce qui est un grand désavantage. J'ajouterai encore que, quand le nombre de ces mineurs feroit plus grand, fitôt que leurs travaux ne fe commencent que prefque en même temps que ceux de l'ennemi, la fituation des lieux fait fouvent qu'il n'y a pas une grande reffource à en efpérer. Pour la préparation des contre-mines que je propofe, il faut du temps & de la dépenfe: l'un & l'autre ne font pas fi confidérables qu'on pourroit fe l'imaginer. En trois ou quatre mois, s'il ne fe rencontre point de roc vif, on peut perfectionner une place en contre-mines, & fe rendre maître de la campagne jufqu'à foixante & foixante-dix toifes au-delà de la paliffade, bien entendu avec le nombre fuffifant de travailleurs. Pour la dépenfe, je l'eftime peu de chofe, par rapport aux millions que coûte la bâtiffe des places, à l'occafion defquelles il eft important & néceffaire d'employer toute l'induftrie poffible pour les conferver.

Je dirai donc que, fur un front de polygone de deux cent toifes, je compte qu'il faut deux mille toifes de galeries; ce qui pourroit coûter, tant en matériaux qu'en main-d'œuvre, environ 35000 livres, & outre cela cent milliers de poudre à cette deftination.

Une attention qu'il faudroit avoir fi l'on entreprenoit de ces ouvrages, feroit de ne point travailler lentement & par parties. Il feroit à propos d'envelopper les parties fufceptibles des contre-mines d'une même place toutes à la fois, parce qu'il feroit fâcheux d'avoir un front préparé & d'être emporté par un autre ; outre que cela apprendroit à l'ennemi une construction qu'il ne devinera toujours que trop tôt.

La science des contre-mines a un avantage sur celle des fortifications. Cette dernière est en partie arbitraire; mais la position & la construction de contre-mines sont nécessitées, par trois choses principales. La première, par le système de fortification de la place dont il s'agit ; la seconde, par les différentes dimensions du solide des terres qui avoisinent la place ; & la troisième, par la nature de ces terres. Un autre avantage non moins considérable, est que cette position peut être différemment située ; ce qui ôte toute connoissance à l'ennemi, quelque habile qu'il puisse être.

Les galeries coffrées en bois sont plus faciles à défendre, & sont aussi plus commodes pour éviter certains accidens, que celles qui sont maçonnées ; mais, comme on est obligé de revêtir de maçonnerie ces ouvrages pour qu'ils durent, il faut, pour éviter ces mêmes accidens, que le ciel de la galerie soit plat, c'est-à-dire, que la voûte en dedans soit plate, & non en ceintre, comme on les fait.

J'espère être en état de lever les objections que l'on pourroit faire contre cette pratique de contre-mines. Une des plus considérables, je crois, est la difficulté de manœuvrer dans les galeries & de percer les terres, lorsqu'il y a eu plusieurs fois de la poudre brûlée aux environs. En effet, les parties nitreuses & sulphureuses de la poudre, mêlées avec les vapeurs souterreines, en répandent une si épaisse & si insupportable dans les galeries & dans les terres, que les mineurs ne peuvent y résister. Souvent ils s'évanouissent & meurent, si on n'a pas le soin de les retirer au plus vîte; mais, dans la construction des galeries, il y a des précautions à prendre pour y purifier & faire circuler l'air, ce qui remédie à cet inconvénient.

Je souhaite pour le bien du service qu'on ait égard à ce que je propose; j'ose même assurer que l'on y feroit une sérieuse attention, si une fois l'on avoit expérimenté l'usage parfait des contre-mines.

EXPLICATION

des figures, & de la disposition des fourneaux.

POUR observer la précision nécessaire dans la construction des mines, il est à propos de connoître la figure de l'escavation que produit un fourneau quand il joue.

DÉFINITIONS.

L'escavation ou l'ouverture que produit l'effet d'un fourneau dans les terres, est un conoïde parabolique, ou un paraboloïde: c'est la même chose. A la guerre, on donne le nom d'entonnoir à cette escavation. Quelques-uns ont cru que cette escavation étoit un cône tronqué AOZD (Figure 1), dont le diamètre OZ de la petite base est moitié du diamètre AD de la grande base. D'autres ont mieux aimé donner à cet entonnoir la figure d'un simple cône rectangle AFD (Figure 2). Il faut remarquer que, dans ces deux cônes, ainsi que dans le conoïde AHOBISD (Figure 1, 2 & 3), que l'axe ou la ligne FR, prise du centre du fourneau F, jusqu'au point R, dans le plan de la base de l'entonnoir, est toujours égale à la moitié du diamètre de cette base. Cette ligne FR, je la nomme ligne de moindre résistance.

En examinant avec un peu d'attention l'entonnoir formé par l'effet d'un fourneau (Fig. 3), on s'apperçoit aisément que les côtés de cet entonnoir sont des lignes courbes, & non des lignes droites, comme il paroît par les Figures 1 & 2.

Pour connoître les dimensions de cet entonnoir, j'ai opéré ainsi que je vais l'expliquer.

REMARQUES.

Je dirai auparavant que les mesures dont je vais parler ne peuvent se prendre que lorsque le fourneau a joué dans des terres vierges, douces & homogènes.

Les éboulis ne permettent pas de prendre ces mesures dans les terres que les mineurs appellent folles ou sans cervelle. Il faut aussi sçavoir que l'hétérogénité du roc & de la maçonnerie fait que la poudre opère presque toujours des effets irréguliers.

EXPÉRIENCE.

J'ai mesuré un grand nombre de ces entonnoirs, avec toute la circonspection que j'ai pu y apporter. A plusieurs j'ai fait sortir & nétoyer les terres qui retombent dedans, quand le fourneau a joué. J'ai aussi, à quelques-uns, fait approfondir des puits KMLI : après bien des tâtonnemens & des répétitions, je suis parvenu à la connoissance de certaines lignes, qui gardent toujours entre elles les mêmes rapports dans chaque entonnoir, de quelque profondeur que soient ces entonnoirs. Voici ces lignes. Le centre du fourneau est F ; la ligne de moindre résistance est FR : du triangle isocelle rectangle AFR, j'ai pris la diagonale AF je l'ai portée de B en T. J'ai trouvé TR égal à FB. B est le fond de l'entonnoir, où les terres se trouvent noires & recuites par la flamme de la poudre. TR, égal à FB, m'a fait juger que F pouvoit être le foyer d'une parabole, dont B est le sommet, RA une ordonnée, & TR, ou FB, le quart du paramètre.

J'ai pris arbitrairement BV, j'en ai retranché VE, égal à FB ; j'ai tiré l'ordonnée EH, & j'ai trouvé FH égal à BV. J'ai trouvé FO égal à deux FB. J'ai trouvé FK égal à deux FB, moins EX & Ces égalités des lignes sont des propriétés de la parabole. J'ai trouvé les mêmes choses quand j'ai fait BC égal à BF, en approfondissant les puits KMLI, & que j'ai pris du point C les distances des ordonnées sur l'axe. Le point C est l'intersection de l'axe prolongé & de la directrice LM, CF, égal à la moitié du paramètre.

Ainsi, on peut conclurre que l'entonnoir est un paraboloïbe, dont le centre du fourneau F est le foyer, & dont FR, partie de l'axe comprise entre le foyer & le plan de la base, que j'appelle ligne de moindre résistance, est toujours moitié du diamètre AD de la base, ou égale à l'ordonnée RA.

REMARQUES.

Comme la ligne de moindre résistance FR est toujours perpendiculaire sur le plan extérieur AD, le plus voisin du fourneau, la position du conoïde après l'effet est déterminée par la situation de ce plan extérieur, soit qu'il soit horisontal, vertical ou incliné : par conséquent, la position du fourneau dépend de ce plan extérieur AD, (Figures 4, 5, 6, 7 & 8).

J'ai dit ci-devant que la position du fourneau dépend de la situation du plan extérieur le plus voisin ; cela est vrai ; mais, pour s'énoncer sans équivoque, il faut dire la position du centre du fourneau. La place de ce foyer dépend aussi de la masse que l'on veut pousser, chasser ou enlever.

Cette masse détermine aussi la charge, & par conséquent la capacité du fourneau.

Pour défendre, par les mines, les approches & le chemin couvert d'une place, ménager juste le terrein, faire aux assaillans tout le mal possible, &, selon toute apparence, les rebuter par ces mêmes mines ; il y a un art, quoique fort simple, auquel on n'a point pensé, que je sçache, jusqu'à présent.

Tout l'artifice consiste à imaginer un plan dans le solide des terres, qui coupe le plan du glacis sous un angle de quarante-cinq dégrés.

DÉFINITIONS.

Ce plan imaginé dans le solide des terres, je le nomme plan des fourneaux, ou plan des foyers; parce que c'est sur ce plan que le foyer ou le centre de chaque fourneau doit être placé. Il est ici marqué (Fig. 9) par les lignes AA, BB, avec les fourneaux. C marque les premiers fourneaux, E les seconds, B les troisièmes. La ligne AN est la largeur du plan. La ligne AA est la directrice. Le plan du glacis est marqué (Fig. 10) par les lignes PP, XX. PP est la sommité du chemin couvert, DD est la directrice. Les points 2, 3, 4, marquent, sur le plan du glacis, la correspondance perpendiculaire des foyers, ou, si l'on veut, les extrémités des lignes de moindre résistance. Les petits cercles marquent l'ouverture, ou l'effet de huit des premiers fourneaux ; les moyens marquent l'effet de quatre des seconds fourneaux ; les grands marquent l'effet de deux des troisièmes fourneaux. La commune section du plan des foyers, avec le plan du glacis, donne la directrice AA, ou DD.

PROFILS.

Figure 11, glacis horisontal ou de niveau. Figure 12, glacis dont le talus incline ou descend vers la campagne. Figure 13, glacis à revers dont le talus incline ou descend vers la place. La ligne GH est la coupe du plan PP, XX. La ligne FL est la coupe du plan AA, BB. Ainsi, FL convient avec AB. Le point G convient avec la ligne PP. Le point directeur convient avec la directrice AA, ou DD ; le point O avec les foyers ; C M, avec les E. L, avec les B. Z, X, Y, avec les 2, 3, 4.

Pour ne point endommager le parapet du chemin couvert par l'effet des fourneaux, il faut observer de placer le point directeur F ou les directrices AA, DD, à une distance du parapet G ou PP, comme de trois, quatre, cinq ou six pieds : en cet exemple, F est à quatre pieds de G.

CONSTRUCTION.

Si les convenances me déterminent à placer le premier étage de fourneaux à dix pieds sous le glacis, je fais FZ égal à dix pieds. Du point Z j'abaisse sur FZ la perpendiculaire ZO, qui rencontre la diagonale FL. Au point O, qui donne le foyer O. OZ est la ligne de moindre résistance. Elle est par la construction égale à dix pieds. Sur la ligne AN, je fais AI, égal à FO par le point I. Je tire la ligne CC, parallèle AA. Sur la ligne CC, je marque de dix pieds en dix pieds les premiers fourneaux C, qui, par conséquent, se trouvent éloignés les uns des autres de leur ligne de moindre résistance égale à dix pieds.

Pour les seconds fourneaux.

Sur la distance de deux foyers voisins CC, comme base, je décris un triangle isocelle CEC, dont je fais les côtés CE, CE, égaux chacun à la ligne de moindre résistance OZ du fourneau O ou C. Par le sommet E de ce triangle, je tire la ligne EE parallèle à CC, ou à AA. Je marque les seconds fourneaux E sur cette ligne EE; en sorte que chaque E se trouve vis-à-vis le milieu de l'espace qui est entre deux C voisins, alternativement de deux en deux. Sur la ligne AN, je prends la distance CE; je la porte au profil de O en M, pour avoir le point M, centre du second fourneau; je tire MX, parallèle à OZ, & j'ai MX pour ligne de moindre résistance des seconds foyers M.

Pour les troisièmes fourneaux.

Sur la distance de deux foyers voisins M, M,

comme base, je décris un triangle isocelle EBE, dont je fais les côtés EB, EB, égaux chacun à la ligne de moindre résistance MX du second foyer M ou E. Par le sommet B, je tire la ligne BB parallèle à EE, sur laquelle je marque les troisièmes foyers B dans le même ordre, à l'égard des seconds, que celui qu'on a observé en marquant les seconds à l'égard des premiers. Sur la ligne AN, je prends la distance EB, je la porte aux profil de M en L, pour avoir le foyer L, centre du troisième fourneau; je tire la ligne LY parallèle à MX, & j'ai LY pour ligne de moindre résistance des troisièmes foyers L.

PAR LE CALCUL.

Premiers fourneaux.

La ligne de FZ ou ZO = 10 pieds = a. Ainsi, FO ou AI = $\sqrt{2aa}$ = 14 pieds 1 pouce 9 lignes.

Seconds fourneaux.

Au triangle isocelle CEC, par la construction CE=a. Ainsi $\sqrt{aa - \frac{aa}{4}}$ = OM ou CE, prise sur la ligne AB $\sqrt{aa\,4 - \frac{aa}{4}}$ = 8 pieds 7 pouces 9 lignes. = b. Ainsi $\sqrt{\frac{ab}{2}}$ = ZX=MX − a = 6 pieds 1 pouce 6 lignes.

Troisièmes fourneaux.

Au triangle isocelle EBE, soit EB = M x=c. or

EE $= 2a$. Ainſi EB ſur la ligne AB ou ML $= \sqrt{\frac{-}{\alpha} - aa}$. $=$ 12 pieds 7 pouces 2 lignes. $= d$. Ainſi $\sqrt{\frac{dd}{s}}$ $=$ XY $=$ LY $- c_i =$ 8 pieds 11 pouces 4 lignes.

On voit que, pouvant approfondir perpendiculairement ſous un glacis de vingt-cinq pieds & environ un pouce, les premiers fourneaux étant à dix pieds de profondeur : on voit, dis-je, qu'il y a de quoi placer trois étages de fourneaux, ſans que les premiers qui jouent endommagent les autres. Il eſt facile de placer autant d'étages de fourneaux que la profondeur du terrein le permettra. En ſuivant la conſtruction qui vient d'être expliquée, on voit que le profil & le plan des foyers s'aident mutuellement; le profil détermine certaines dimenſions du plan des foyers, & le plan des foyers en détermine au profil.

La ligne de moindre réſiſtance OZ des premiers fourneaux C, détermine la diſtance de C à C. Elle donne auſſi la diſtance des C aux E.

La ligne de moindre réſiſtance MX détermine la diſtance des E aux B : & ainſi la diſtance des foyers inférieurs aux foyers ſupérieurs eſt toujours la moindre réſiſtance des ſupérieurs; mais il ſe rencontre des terres foibles, qui néceſſitent à augmenter les lignes de moindre réſiſtance pour l'eſpacement des fourneaux. Je n'ai pas vu que cette augmentation ait paſſé ⅙ : c'eſt-à-dire, ſi la ligne de moindre réſiſtance eſt de douze pieds, l'eſpacement des foyers sera de seize pieds. La pratique donne cette connoissance; du reste, la construction est toujours la même, & ne doit point changer.

L'auteur s'explique encore sur le même sujet, vers la fin de la page 289, tome II. Outre, dit-il, que nous avons cet avantage de faire sauter neuf fois le même terrein autour du premier fourneau, qui sert comme de centre aux autres fourneaux qu'on pratique autour du terrein déjà enlevé; il est certain que, sur une profondeur de terre de cinquante pieds, on fera sauter plus de trois cent fois le même terrein.

Pour ce qui regarde les galeries de sappes ou mines des anciens, on comprendra assez facilement, par les figures qu'on a insérées, pour cette fin, à l'extrait de ces mémoires, de quelle manière ils les construisoient. Ce seroit une superfluité assez inutile, que d'alléguer d'autres explications que celles que l'auteur a données pour l'intelligence de ces figures. Il seroit à souhaiter, pour rendre cette dissertation complette, qu'il nous eût aussi communiqué les épreuves & les remarques qu'il a faites au sujet des charges des mines.

EXPLICATION DU PLAN XVII.

On ouvroit la galerie (2) fort proche du camp, pour en dérober la connoissance; on la poussoit sous le fossé (3) jusqu'au pied de la muraille (4);

alors on ouvroit une mine (5) à droite & à gauche des fondemens. Celle-ci devoit être fort large à cause du nombre des travailleurs, & longue selon l'étendue du mur qu'on vouloit renverser. On commençoit alors à sapper dessous; &, à mesure qu'on en arrachoit les pierres & qu'on avançoit dans son épaisseur, on soutenoit la maçonnerie par des bouts de poutres (6) de quatre pieds de hauteur, qui portoient sur leurs semelles. Dès que l'ouvrage étoit achevé, on mettoit des fagots entrelassés dans les étançons, ou des fascines godronnées, & d'autres matières faciles à s'enflammer; &, après y avoir mis le feu, on abandonnoit la galerie jusqu'en-deçà du fossé, pour n'être pas étouffé par la fumée; outre qu'il y avoit à craindre que la chûte de la muraille, dans le fossé, n'enfonçât la galerie & n'ensevelît sous ses ruines ceux qui se seroient trouvés dessous.

R.F.

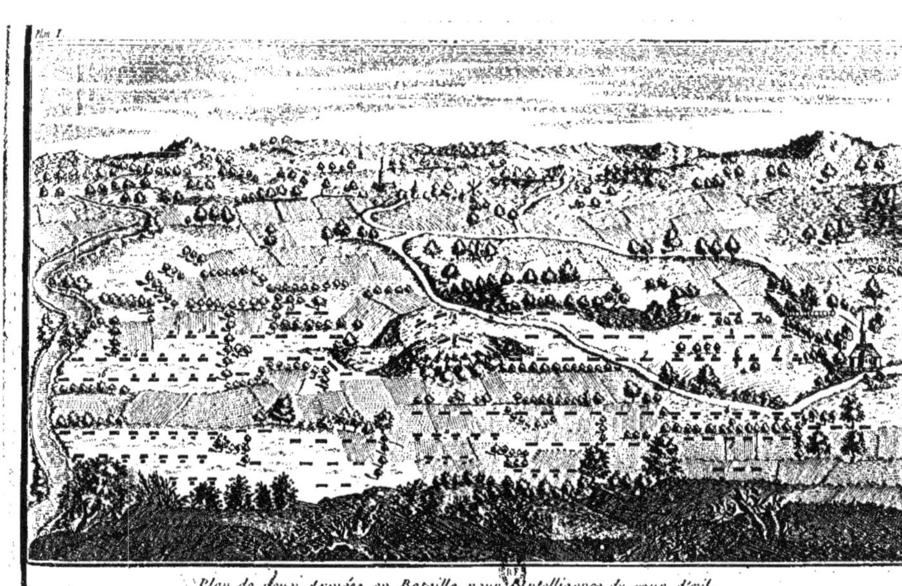

Plan de deux Armées en Bataille pour l'Intelligence du coup d'œil.

Plan II.

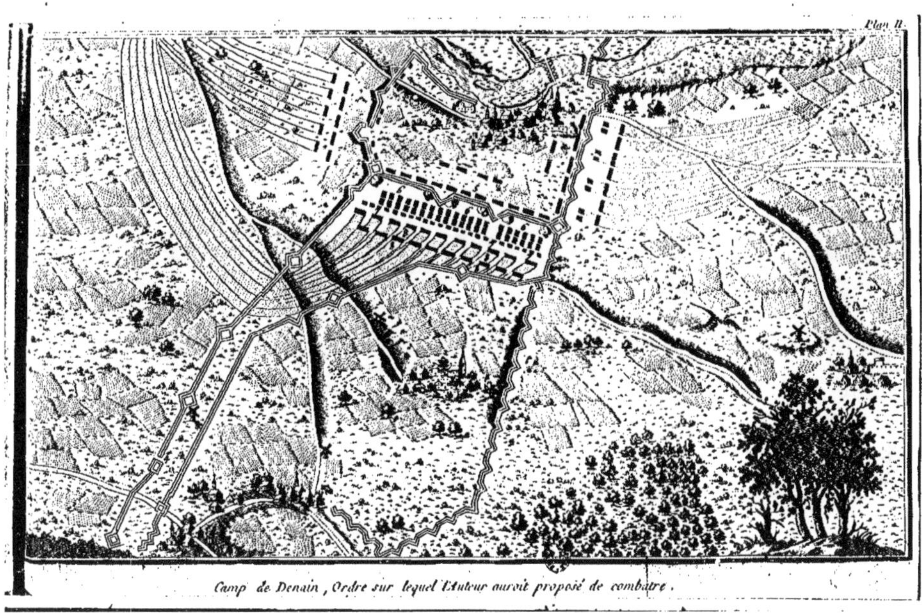

Camp de Denain, Ordre sur lequel l'Auteur auroit proposé de combatre.

Plan III.

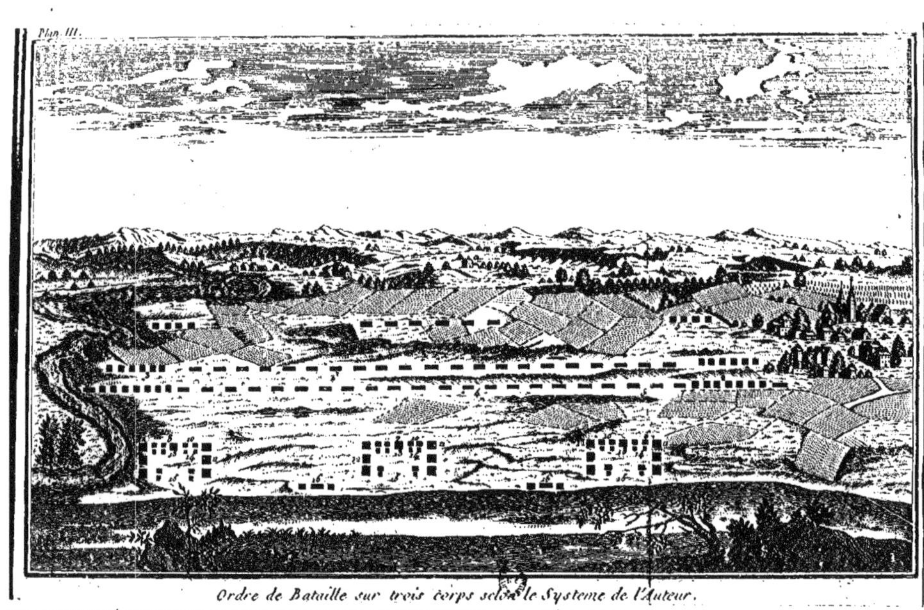

Ordre de Bataille sur trois corps selon le Systeme de l'Auteur.

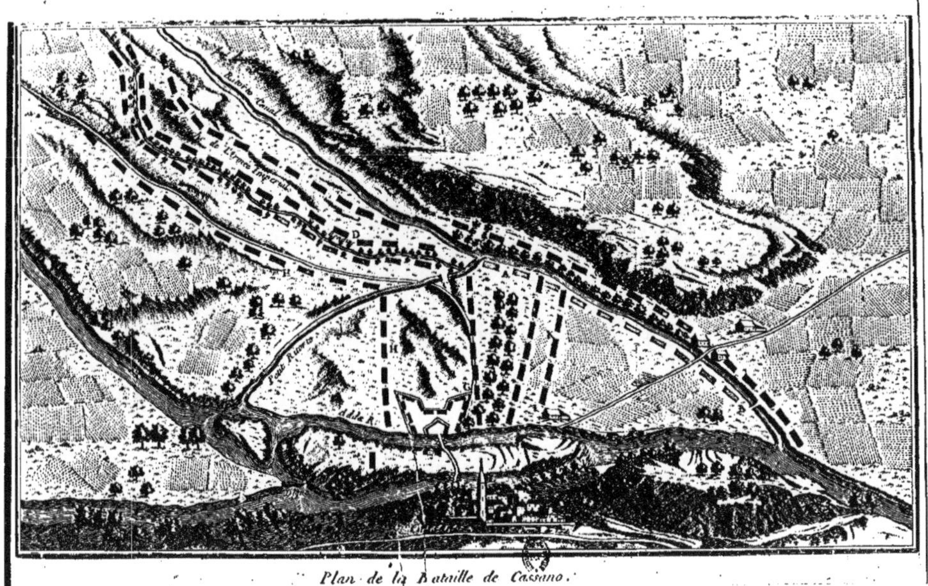

Plan de la Bataille de Cassano.

Ordre de Bataille pour l'Attaque et la Défense d'une Armée retranchée dans les montagnes selon le systeme de l'Auteur.

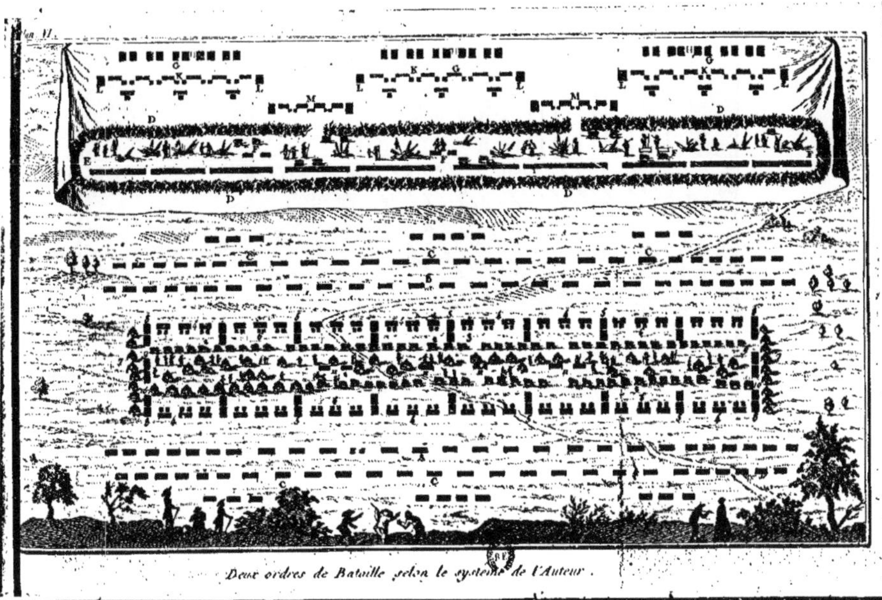

Deux ordres de Bataille selon le systeme de l'Auteur.

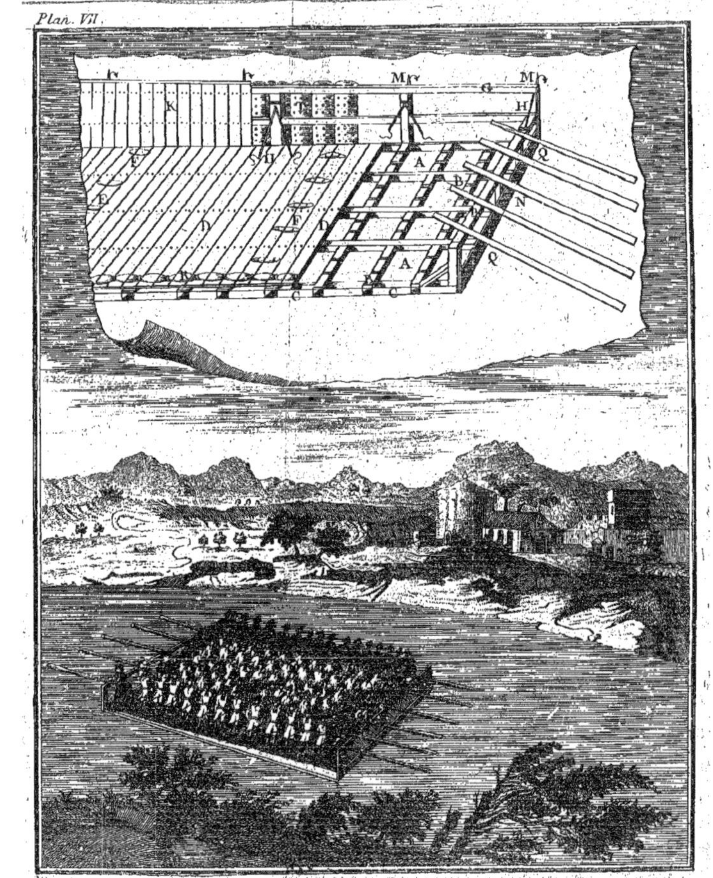

Radeau de l'Invention de l'Auteur.

Plan VIII.

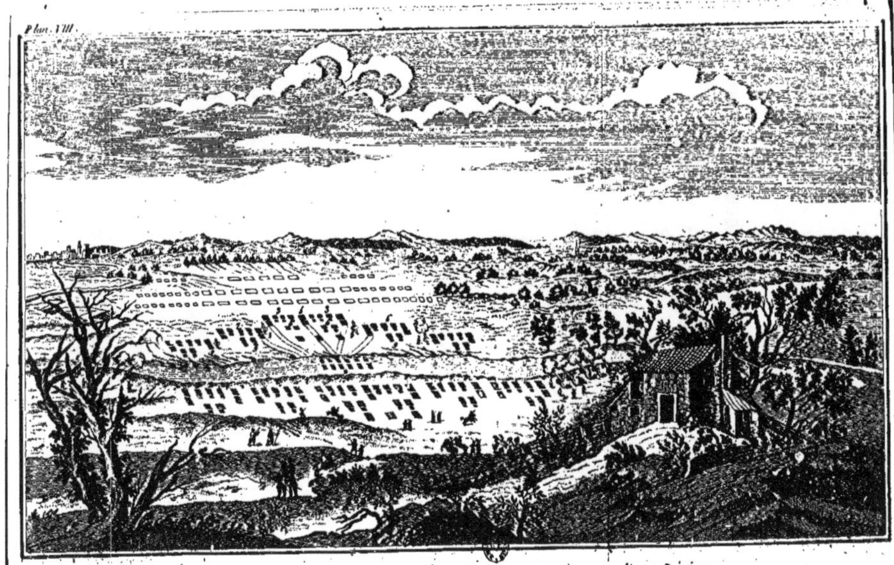

Ordre de Bataille selon le Systême de l'Auteur au passage d'une Riviere.

Plan. IX.

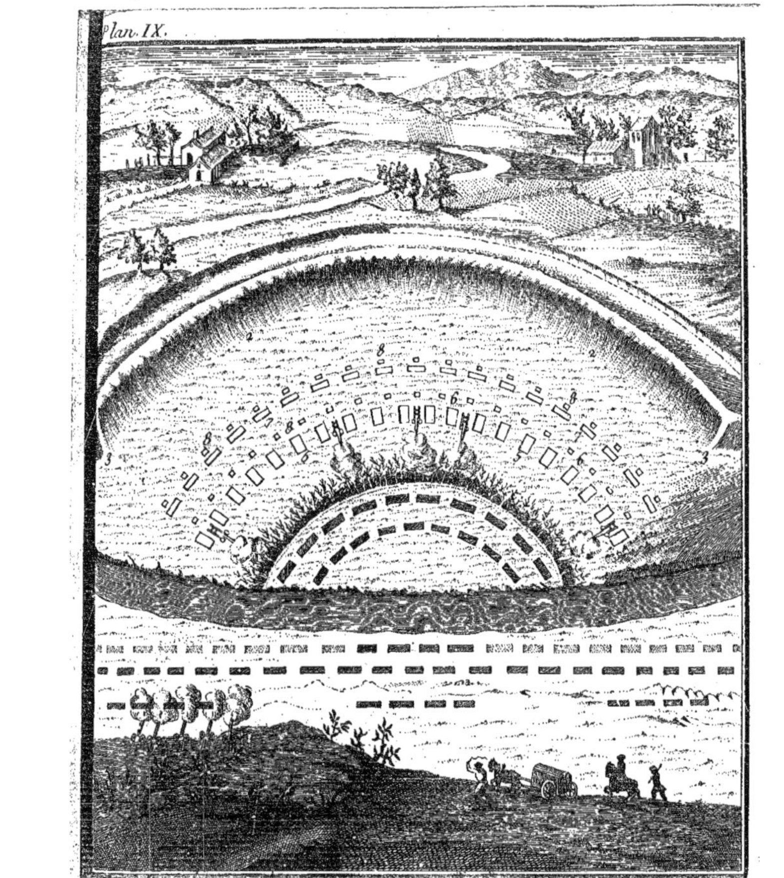

Retranchement dans la defence et passage d'une riviere.

Plan X.

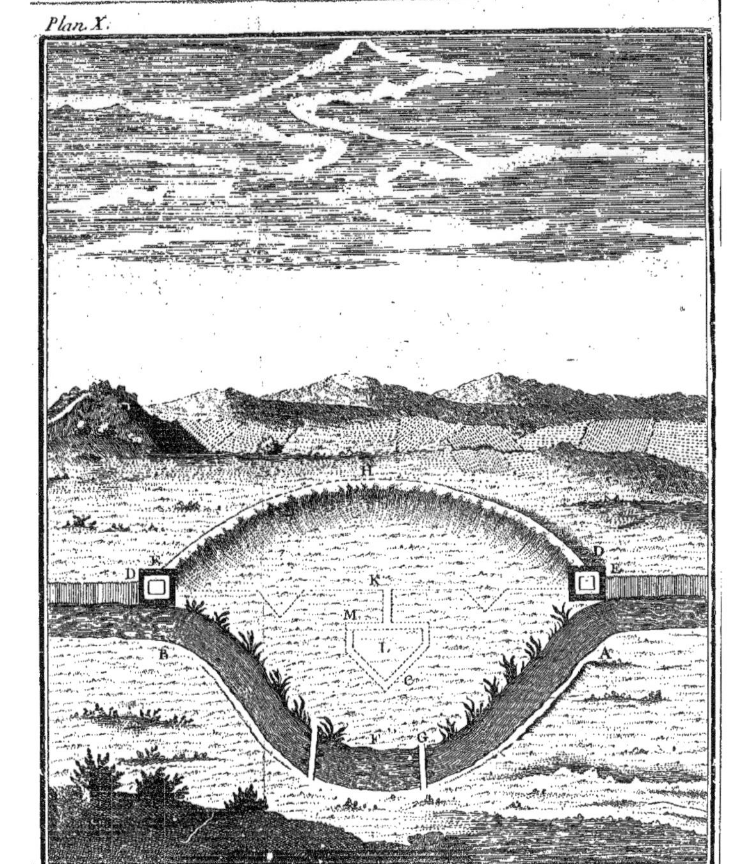

Epaulement pour la defense et passage d'une riviere.

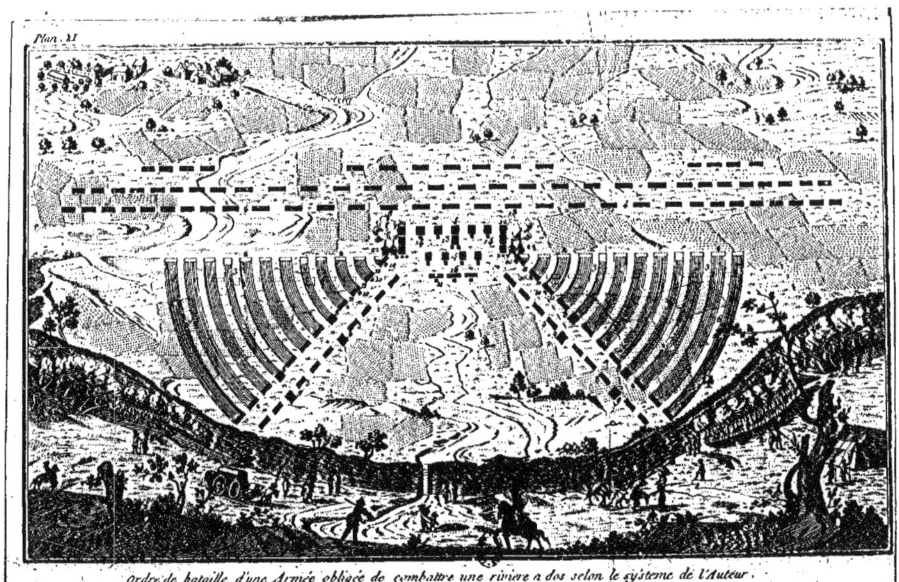

Ordre de bataille d'une Armée obligée de combattre une riviere a dos selon le systeme de l'Auteur.

Plan. XII.

Corbeau démolisseur.

Pl. XIII

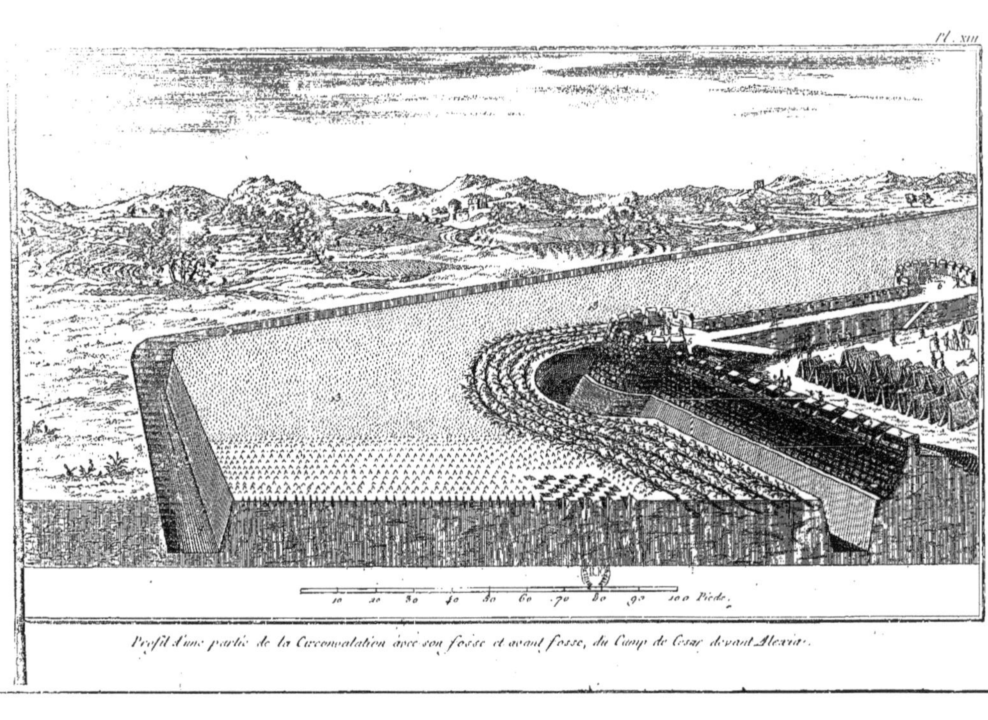

Profil d'une partie de la Circonvalation avec son fossé et avant fossé, du Camp de César devant Alexia.

Plan. XIV.

Ces sortes de Mines ont été long-tems en vogue avant l'Invention de la sappe, et ne consistait alors qu'a pousser la Galerie A. depuis le camp jusque sous les fondements de la muraille, et de la jusques bien avant dans la ville et sous quelque batiment peu fréquenté la nuit. Lorsqu'on étoit parvenu dessous on pratiquoit un large souterrain B. et donton soutenoit les terres par de forts étançons C. alors on faisoit une issue de sortie ou une fente D. égale a sa largeur pour sortir tout a coup et en plus grand nombre. pendant qu'on défiloit par la Galerie E. dans le souterrain avec toute la diligence possible pour surprendre l'ennemi avec un grand nombre.

Galerie Souterraine.
Poussée du Camp Jusques dans l'interieur de la ville.

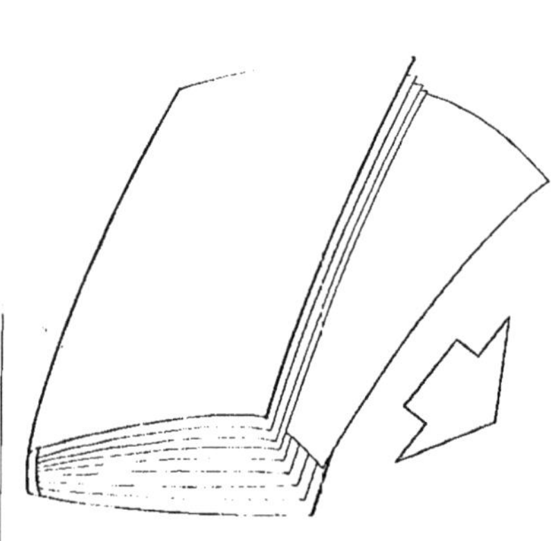

PAGE MANQUANTE DU TEXTE ORIGINAL
MISSING PAGE OF THE ORIGINAL TEXT

Descente et Passage du Fossé des Anciens.

Galérie de Sappe.

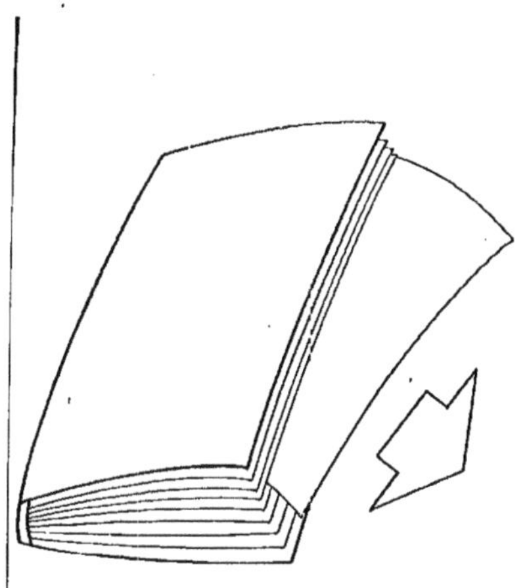

PAGE MANQUANTE DU TEXTE ORIGINAL
MISSING PAGE OF THE ORIGINAL TEXT

www.ingramcontent.com/pod-product-compliance
Ingram Content Group UK Ltd.
Pitfield, Milton Keynes, MK11 3LW, UK
UKHW012020240726
13965UKWH00002B/471